本书出版得到以下资助：
广西高校人文社会科学重点研究基地（广西科技大学广西工业高质量发展研究中心）基金
柳州市哲学社会科学规划课题“互联网背景下柳州制造业转型升级路径研究”（16BEL08）
“柳州市文旅融合促进文旅产业发展研究”（19CEL24）
“柳州汽车产业技术服务链培育研究”（19CRL07）
“柳州市推动大众创业万众创新策略研究”（19CEL18）

城市特色产业转型升级研究：柳州的发展与实践

Research on the Transformation and Upgrading of Urban Characteristic Industries: The Development and Practice of Liuzhou

袁中华　李　礼　张　红　管仕平◎著

经济管理出版社
ECONOMY & MANAGEMENT PUBLISHING HOUSE

图书在版编目（CIP）数据

城市特色产业转型升级研究：柳州的发展与实践/袁中华等著．—北京：经济管理出版社，2021.6

ISBN 978－7－5096－8046－9

Ⅰ.①城…　Ⅱ.①袁…　Ⅲ.①特色产业—产业结构升级—研究—柳州　Ⅳ.①F269.276.73

中国版本图书馆 CIP 数据核字(2021)第 106540 号

组稿编辑：曹　靖
责任编辑：曹　靖　郭　飞
责任印制：黄章平
责任校对：王淑卿

出版发行：经济管理出版社
（北京市海淀区北蜂窝 8 号中雅大厦 A 座 11 层　100038）
网　　址：www. E－mp. com. cn
电　　话：（010）51915602
印　　刷：北京虎彩文化传播有限公司
经　　销：新华书店
开　　本：720mm×1000mm/16
印　　张：10. 75
字　　数：137 千字
版　　次：2021 年 6 月第 1 版　　2021 年 6 月第 1 次印刷
书　　号：ISBN 978－7－5096－8046－9
定　　价：78. 00 元

目　录

第一篇　互联网背景下柳州制造业转型升级路径研究[①]

一、制造业转型升级理论概述

制造业是一个国家尤其是一个大国不可或缺的重要产业，甚至可以说是“首席产业”。因为制造业是实体经济的基础和核心，而实体经济的发展才是一国财富的真正来源和保障。同时，制造业的发展体现着一国生产力水平及综合竞争力，是一个大国立于世界强国之列的基石。自第一次工业革命以来的二百多年间，制造业几乎是每一次科技变革的主要推动者。英国、美国以及后起的德国和日本，无一不是在拥有了发达制造业的基础上成为了世界经济强国。一个国家尤其是一个大国，要想保持经济的长期繁荣，保持在世界经济竞争中的优势地位，必须高度重视和大力发展制造业。

① 袁中华，广西科技大学经济与管理学院。

2008 年金融危机之后，世界制造业形势出现新的变化：美国实行“再工业化”战略；德国提出“工业 4.0”计划；英国、法国、日本等国也纷纷转型升级，争夺未来制造业发展先机。中国自改革开放 40 多年来，制造业发展取得了巨大成就，奠定了国民经济飞速发展的基础。在工业化战略的推动下，转型升级也取得了显著成效。但长期以来以出口为导向的生产模式已经难以为继，大量的低端制造以及产能过剩等问题亟待解决，转型升级成为必然选择。

（一）制造业转型升级的内涵

传统意义上的制造业转型升级一般包括制造业转型和升级两方面。制造业转型，是指转变制造业发展方式，主要包括技术更新、装备升级等以提高生产效率、物资利用率为目的的改造活动，加快实现由传统工业化道路向新型工业化道路转变；制造业升级，是指通过全面优化产品和技术结构、产业组织结构、空间布局结构、行业结构，促进产业结构的整体优化提升。而转型升级虽然也研究发展方式的转变和结构调整优化，但它是将发展方式的转型与产业结构升级融合在一起，从制造业产业整体出发，从整体意义上来分析产业的演化趋势和规律，并探究适合产业群体特性的转型升级路径。

本篇所研究的制造业转型升级，是指在工业化中后期阶段，立足于制造业产业整体，以产业结构调整为核心内容，同时强调产业技术创新能力的提升、绿色低碳理念的推广、品牌的培育以及对先进制造趋势的把握等方面，研究制造业由低级形态向高级形态不断转变的过程，这是一个不断向上的动态演化过程。低端制造产业和高端制造产业都表现出不断转型升级的趋势，并呈现出不同的层次水平。

制造业的转型升级包含结构调整，也强调结构的调整和优化。但转型升级在研究结构调整的基础上，还强调产业技术创新能力的提升、绿色低碳理念的应用推广以及先进制造趋势的把握等方面，内涵更加丰富，研究对象则主要是制造业的产业整体。

制造业转型升级的过程应借助于工业化和信息化的不断融合以及生产性服务业的不断延伸，以此实现制造业向数字化、网络化、智能化等方向发展。转型升级的目的不仅是提升制造业的产业竞争力，更重要的是使制造业在遵循产业自身演变规律的基础上，借助于转型升级的相应路径，不断向更高级、更协调、更合理的状态转变，最终实现产业自身的健康、有序和可持续发展。

（二）制造业转型升级研究综述

1. 国外制造业转型升级研究

国外趋向于把制造业转型和制造业升级分开进行研究。

（1）对制造业转型的研究。

随着科技的发展，国外制造业转型致力于制造业的高精尖生产，转型主要包括技术转型和理念转型两个方面，技术转型包括网络制造、智能制造和数字制造。

1）网络制造。网络制造是在敏捷制造的基础上发展起来的，采用互联网技术，建立灵活有效、互惠互利的动态企业联盟，实现资源整合，以有效应对外界不确定因素，提高企业快速反应和竞争能力的模式。云计算出现以后，Armbrust 等（2000）提出制造业云计算的概念，Zhang 等（2012）提出将网络、云计算、服务器计算和制造产业相结合能使制造资源和能力变得统一化、智能化，并且使制造资源能够共享、循环的制造服务，即云制造的概念。

2）智能制造。它是一种人机组成的制造系统，包括智能机器、高级感应传感器、控制机器的软件、连接产品生命周期各元素的信息技术。

3）数字制造。它是根据用户需求，对产品、工艺和资源分析重组，实现对产品设计和功能仿真的过程。近几年，数字制造技术、应用平台、数字制造标准和工具、数字制造系统都取得了长足的发展，数字制造有向高精度、环境保护、客观化方向发展的趋势。

理念转型主要指绿色制造，绿色制造涵盖的内容较广泛，包括：绿色制造概念，社会、企业和政府在绿色制造中应该如何作为，绿色制造计量标准，绿色供应链，绿色制造原则，闭环生产系统，半导体制造，纳米制造技术的应用，清洁能源在绿色制造中的应用，产品包装和运输过程的供应链，绿色制造中使用的技术，绿色制造发展趋势等。

（2）对制造业升级的研究。

在国外，制造业升级一般很少表述，较多使用制造业服务化替代，研究主要包括以下 5 个方面：

1）制造业服务化概念。制造业服务化是为了增加核心产品的价值而采取捆绑方式提供更多的产品、服务、支持和知识。Baines 等（2009）对制造业服务化重新定义，他认为制造业服务化是从卖产品到卖集成产品，传递使用价值服务的创新能力和过程。

2）制造业服务化意义。就价值链来说，价值链前端和后端比生产活动产生更大的价值，而且随着时间的推移，差距也越来越大；也有学者测算制造业服务性质的工作比重，Veugelers（2013）发现欧盟成员国制造企业服务类工作岗位占总工作岗位的 40%，并且有上升的趋势，可见制造业服务化可以增加就业岗位。

3）制造业服务化创新。为了使制造业服务化水平更高，不仅制造业生产领域需要创新，服务领域也需要创新，制造业服务创新应以消费者需求为

导向，而不是最优化效率，且产品创新、服务创新和生产创新三者不是独立的，而是互相联系、互相弥补的。

4）制造业服务化内容。Ren（2009）把服务创新分为三类，其中包括产品生命周期的一系列活动、资产管理活动、技术或管理咨询活动。

5）制造业服务化路径。Slepniov（2010）用一组案例来阐明制造企业转变为服务型企业的过程，企业大致需要经过四个阶段，由低级到高级分别为：制造型企业—服务延伸到产品型企业—服务支持型的制造企业—专注服务型企业。

2. 国内制造业转型升级的研究

国内趋向于将转型升级作为一个整体进行研究，目前关于制造业转型升级的研究主要有以下三个方向：

（1）制造业转型升级存在的问题。

当前国内制造业转型升级矛盾突出，研究包括以下几个方面。首先，创新能力不足致使核心技术受制于人，在制造产业链中多数制造业企业居于中低端，产品附加值较低；其次，部分制造业产能过剩严重，产品亟待市场消化吸收，产业工人也亟待向服务性质工作转型；再次，制造业成本不断上升，企业收益减少，致使劳动密集型产业流失较多；最后，制造业能源利用不高，环境污染较严重，生产方式亟待向集约化生产、绿色化发展转变。

（2）制造业转型升级的影响因素及对策。

杨树青等（2014）构建结构方程模型，从政府、企业和社会组织三个层面分析制造业转型升级影响因素，研究得出泉州制造企业在转型升级中居于主导地位，政府居于引导地位，社会组织则居于辅助的地位的结论。郭伟锋等（2012）从协同学角度分析制造业转型升级的系统环境，认为企业是制造业转型升级的主体，产业链及产业协同是制造业转型升级的关键，同时，他还指出在制造业转型升级中，企业、产业链和产业协同是系统的序参量，政府、行业协会和环境则是控制参量，这些参量共同构成了制造业转型升级的协同影响因素模型；从企业层面来看，创新能力是制造业转型升级的最关键因素，企业规模对转型升级也有正向促进作用，单纯依靠数量扩张的制造企业不利于转型升级；营销能力、资金能力对转型升级有正向影响，而技术水平、管理水平、人力资源对制造业转型升级具有不确定性影响。还有一些学者从不同的方向对制造业转型升级进行研究，徐常萍和吴敏洁（2012）研究了环境规制；陈晓佳（2014）研究了人口老龄化对制造业转型升级的影响。他们从不同的角度丰富了制造业转型升级的关系理论。

（3）制造业转型升级模式和路径。

目前，研究区域制造业转型升级的路径多从价值链的角度进行探讨，得出制造业向两端攀升的结论，毛蕴诗和郑奇志（2012）通过对2006～2011年企业升级路径数据运用微笑曲线，建立了企业升级路径的选择模型，着重分析了包括技术积累、提升环保标准、加大生产服务的投入、统筹国内外市场以及OEM—ODM—OBM并存等十条转型升级的路径选择。另外，制造业服务化因其具有整合、增值和创新等特性成为我国制造业转型升级可选择的有效途径。许多学者从产业链创新、产业融合、产业协同发展、产业集群升级、信息技术驱动的不同角度对制造业转型升级的路径进行了研究，制造业转型升级的相关理论不断地得以丰富和拓展。

（三）互联网对制造业的影响

随着互联网的迅速发展，以云计算、大数据、物联网、移动互联网、智能终端等为代表的新兴信息技术已经渗入制造业的研发、生产制造和销售等各环节，为传统的生产方式、商业模式和管理方式带来了深刻变革，制造企业、市场与用户的互动程度和范围极大扩展，互联网与制造业融合的新模式、新业态层出不穷，正重塑产业组织与制造模式，重构企业与用户关系，为制造业的转型升级带来了新的机遇。

1. 互联网引发制造业资源配置新方式

在制造领域广泛应用互联网，通过大规模协作生产，引发资源配置方式的变化，释放企业内外大量资源的创新潜力，使得传统的集中式经营活动逐渐被分散经营方式取代，“社会化生产”将呈爆发式发展。

（1）客户成为中心。

在当前互联网背景下，制造业传统意义上的价值创造和分配模式正在发生转变，企业、客户及利益相关方纷纷参与到价值创造、价值传递及价值实现等过程中。尤其是在移动互联网迅猛发展的推动下，消费者由被动消费转变为主导消费，并广泛、实时参与生产和价值创造的全过程，从而导致企业价值链主导权从生产厂商、流通商转到消费者手中。通过开放的网络平台，众多分散的消费者和生产者实现广泛、实时、频繁的交流互动，充分激发社会创新潜力，有效满足消费者个性化需求。

（2）制造资源云化。

制造资源云化就是融合现有的网络化制造、ASP（应用服务提供商）平台、物联网和制造网格等概念和技术，将各类资源和制造能力虚拟化、服务化构成云制造资源池，进行统一的、集中的智能化经营和管理，通过网络和云制造服务平台为用户提供全生命周期的服务。

（3）人才利用社会化。

在互联网背景下，任何人都可以依托互联网、依靠大众力量，以众包、众筹、众智等众创形式实现“小人物”创意的价值主张。制造企业通过自建或借助现有的“众包”平台，发布研发创意需求，广泛收集客户和外部人员的想法与智慧，大大扩展了创意的来源。

2. 互联网驱动制造业生产经营模式变革

（1）协同创新快速发展。

互联网能够整合各方优势资源，形成跨领域、网络化的协同创新平台，为合作主体提供相互学习、信息共享和协同创新的机会，实现关键核心技术攻关。

（2）智能制造成为新型生产方式。

工业“互联网+”利用遍布其产品的传感器和网络连接机器，在机器设备层面，利用软件分析技术提高机器的智能性和设备的性能；在车间层面，提高生产线的协同水平；在工厂层面，实现多个车间、多条生产线之间资源的统筹优化与调度。所有制造系统、设备都与人互联，实现人与智能制造系统的交互，推动生产制造向数字化、网络化、智能化方向发展。

（3）实现个性化定制。

互联网降低了制造企业与用户交互的成本，可以快速响应用户具体需求，制造企业结合计算制造、柔性制造，通过信息控制生产模块的精细化切割与再组合以及新的制造工艺，可以针对消费者个性化需求，实现大规模、个性化定制生产。

（4）网络营销逐渐成为主流。

随着移动互联网的纵深推进和移动终端的快速普及，电子商务从消费领域向制造业迅速拓展。从过去简单的线下推广模式，开始向线上线下（O2O）全渠道营销模式转变，工业 App、电子商务平台、移动社交营销、搜索比价等互联网服务，逐步渗入采购、制造、物流、营销、服务等环节。

（5）组织体系得到优化。

随着竞争的加剧，产品与服务要更加聚焦，战略发生变化，企业内部组织结构呈现出扁平化趋势，协同制造成为重要的生产组织方式。

3. 互联网促进制造业创新变革

通过制造业与先进计算机分析工具、低成本感知和更高联网水平融合，创新与变革正在展开，产品和装备技术含量不断提高，绿色制造、制造业服务化趋势日渐明显，盈利能力得以提升，传统制造业正逐步改造为现代制造业。

（1）提高产品和装备的技术含量。

信息技术特别是互联网的高渗透性、高带动性、高倍增性和高创新特征，决定了互联网应用过程本身就是与传统制造业产品与装备融合的过程，产生新的科技成果，形成新的生产力。依靠大数据与互联网技术，制造业产品实现了从机械产品向智能产品转变，从智能产品向智能互联产品转变，从提供产品向提供基于产品的服务转变。

（2）实现绿色制造。

充分发挥互联网对海量工业数据等资源的集聚作用，可以提高企业用户端设备、产品的运营效率、智能决策和清洁制造水平，有助于绿色制造数据库和知识库建设，形成绿色制造集成系统，并发挥人工智能在绿色制造中的重要作用。

（3）制造业服务化趋势日渐明显。

随着互联网的深入应用和客户成为中心，越来越多的制造企业不再仅关注实物产品的生产，而是涉及实物产品的整个生命周期，如市场调查、产品开发或改进、生产制造、销售、售后服务等，企业的收入来源也从销售产品转向“销售产品＋提供服务”，获得持续收入。

二、柳州制造业发展现状及转型升级面临的困境

对当前柳州制造业发展现状及阶段性成效进行评估，进而分析当前柳州制造业转型升级过程中存在的困境，结合柳州市制造业转型升级面临的机遇与挑战，可以为柳州制造业转型升级提供更加客观、全面的分析视角。

（一）柳州制造业发展现状及转型升级实践

1. 柳州制造业发展概况

自改革开放以来，柳州制造业已经形成了“543”的产业结构体系，即汽车、冶金、机械、化工、有色金属新材料五大支柱产业，制糖、建材、造纸、日化四个优势产业，新能源环保、机电一体化、生物制药三个战略性新兴产业，全市拥有工业企业4000多家，工业总产值占广西全区比重近1/4。

（1）进入工业化中后期。

柳州的工业在整个地区生产总值中的地位举足轻重，基本占据半壁江山，达50%以上，接近60%，已经进入工业化中后期。2015年第一产业增加值占地区生产总值的比重为7.3%，第二产业增加值比重为56.6%，第三产业增加值比重为36.1%。

2015年，全部工业总产值4541.25亿元，比上年增长3.1%，其中，规模以上工业总产值4450.31亿元，增长3.0%。工业增加值1174.93亿元，增长5.2%，其中，规模以上工业增加值1140.37亿元，增长5.1%。规模以上工业销售产值4323.03亿元，增长3.3%。

（2）支柱产业基础扎实，优势产业发展势头良好。

自2012年以来，五大支柱产业占工业总产值的80%以上，2015年略有下降，仅为79.2%，其中，前三大支柱产业汽车、冶金、机械行业规模以上工业总产值3313.00亿元，比上年增长2.1%，对规模以上工业总产值增长的贡献率为52.0%，拉动规模以上工业总产值增长1.6个百分点。其中，汽车工业总产值2209.34亿元，增长12.6%，对规模以上工业总产值增长的贡献率为188.9%，拉动规模以上工业总产值增长5.7个百分点；冶金工业总产值815.22亿元，下降16.2%；机械工业总产值288.44亿元，下降7.0%。

汽车是柳州第一大支柱产业，汽车及零配件实现的工业总产值几乎占到全市工业总产值的一半。拥有上汽通用五菱、东风柳汽、一汽柳特和重汽运力四家具有较强实力的整车生产企业，规模以上汽车工业产值在自治区所占比重超过73%，现已具备了200万辆以上的年产量。

冶金工业是柳州仅次于汽车工业的第二大支柱产业，拥有柳钢集团、华锡集团等一批优势企业。柳钢铁、钢、材综合年生产能力达到1000万吨以上，钢材、钢坯产品远销国内外，是立足钢铁主业、多元化经营的广西特大型地方骨干企业，是我国华南地区和西南地区最大、最先进的钢铁联合企业，跻身中国500强企业。

机械工业是柳州第三大支柱产业，目前已形成了以工程机械、通用机械为主，配套能力较强的产业体系，拥有柳工、欧维姆等一批具有自主知识产权、研发能力较强的企业集团。柳工是中国工程机械行业排头兵，中国500强工业企业，以轮式装载机、挖掘机、汽车吊三大产品为核心，构建了较为完善的销售网络，拥有全球一级经销商90多家。柳州欧维姆在预应力行业经过30多年的开拓、创新和积累，形成了OVM锚固体系、体外预应力体系、冷铸锚体系等产品与技术体系，近年来产品市场占有率40%以上，稳居行业第一。

食品、造纸、建材、日化等优势产业发展势头良好。两面针、金嗓子、花红、鱼峰水泥、网山白糖等都是全国知名品牌或名牌产品，两面针牙膏已连续23年占据全国药物牙膏产销第一位。四大优势产业占全市工业总产值约8%，但却贡献了全市32%以上的利税收入。

（3）战略性新兴产业茁壮成长。

机电一体化和电子信息、新材料、生物和制药、新能源及环保等新兴产业正处于成长阶段。凯迪电梯曳引机、精柔印刷机械、长虹数控机床、英格尔高新金属材料、花红药业、亿康制药、日田药业、台泥建材等一批新兴产业企业正在发展壮大。2011年柳州重点培育发展了一批掌握新兴产业的核心技术和产品、实施技术水平国内外先进的创新成果产业化项目、拥有自主知识产权、具有国内国际竞争力的龙头企业，共有38家企业列入四大新兴产业成长计划，其中，机电一体化企业20家、生物及制药企业10家、新能源环保企业8家。

目前，全市拥有国家级高新技术产业化基地3个、国家火炬计划重点高新技术企业6家、国家级高新技术企业153家、国家级创新型企业及创新型试点企业4家、自治区级创新型企业及创新型试点企业28家；全市已拥有国家认定企业技术中心3个、自治区认定企业技术中心48个、博士后工作站8个。

2012～2015年柳州制造业主要产业实现利税与工业总产值如表1－1所示。

2. 柳州制造业转型升级实践

柳州主动适应经济发展新常态，加快工业转型升级步伐，先后出台了《“创新驱动 转型升级 工业再上新台阶”三年计划》《电子商务产业发展五年

表 1－1 2012～2015 年柳州制造业主要产业实现利税与工业总产值

单位：万元，%

序号	按产业划分	实现利税				工业总产值			
		2015 年	2014 年	2013 年	2012 年	2015 年	2014 年	2013 年	2012 年
1	汽车	1713108	1418563	1401799	1259402	20697704	18558408	18843496	16053811
	全市占比	58	45. 2	49. 9	46. 6	46. 5	43	48. 2	46. 6
2	冶金	－92590	200149	156657	147418	7730539	9344802	8508197	7518021
	全市占比	0	6. 4	5. 6	5. 5	17. 4	21. 6	21. 8	21. 8
3	机械	90945	164361	172289	204474	4140541	4274978	4014778	3772186
	全市占比	3. 1	5. 2	6. 1	7. 6	9. 3	9. 9	10. 3	10. 9
4	化工	－16106	43765	93353	48455	1103422	1320492	2281992	2228062
	全市占比	0	1. 4	3. 3	1. 8	2. 5	3. 1	5. 8	6. 5
5	有色金属和新材料	17705	16577	4267	6522	1572266	1543069	1792039	1256739
	全市占比	0. 6	0. 5	0. 2	0. 2	3. 5	3. 6	4. 6	3. 6
6	其中：新材料	16930	13192	9250	10352	255999	302985	248333	218951
	全市占比	0. 6	0. 4	0. 3	0. 4	0. 6	0. 7	0. 6	0. 6
7	食品	913436	947068	803915	780832	1972963	1903252	1828098	1856371
	全市占比	30. 9	30. 1	28. 6	28. 9	4. 4	4. 4	4. 7	5. 4
8	建材	60175	77643	77547	87235	1060402	1099742	1046868	1038229
	全市占比	2	2. 5	2. 8	3. 2	2. 4	2. 5	2. 7	3
9	日化	－11865	12054	28277	32713	196556	187731	295838	252838
	全市占比	0	0. 4	1	1. 2	0. 4	0. 4	0. 8	0. 7
10	造纸	5677	3460	－1557	－4026	161879	141353	182821	143749
	全市占比	0. 2	0. 1	0	0	0. 4	0. 3	0. 5	0. 4
11	新能源汽车和节能环保	－1634	－21657	127442	134614	536284	567075	1569668	1519531
	全市占比	0	0	4. 5	5	1. 2	1. 3	4	4. 4
12	先进装备制造和电子信息	67913	69627	69442	67551	1529869	1371212	1474938	1290040
	全市占比	2. 3	2. 2	2. 5	2. 5	3. 4	3. 2	3. 8	3. 7
13	生物及制药	40918	41691	38545	34298	553860	457233	401272	334528
	全市占比	1. 4	1. 3	1. 4	1. 3	1. 2	1. 1	1	1

续表

序号	按产业划分	实现利税				工业总产值			
		2015 年	2014 年	2013 年	2012 年	2015 年	2014 年	2013 年	2012 年
14	纺织	14124	17820	23056	22139	604015	538485	414642	359213
	全市占比	0.5	0.6	0.8	0.8	1.4	1.2	1.1	1
15	其他	106843	105243	102764	103085	2618292	2322559	1918955	1689984
	全市占比	3.6	3.3	3.7	3.8	5.9	5.4	4.9	4.9
16	五大支柱产业合计	1713062	1843415	1639061	1479683	35244471	35041749	32527166	27836790
	全市占比	58	58.7	58.3	54.7	79.2	81.1	83.3	80.7
17	四个优势产业合计	967423	1040225	908181	896753	3391800	3332078	3353626	3291188
	全市占比	32.7	33.1	32.3	33.2	7.6	7.7	8.6	9.5
18	战略性新兴产业合计	—	—	—	—	4450309	—	2772325	—
	全市占比	—	—	—	—	10	—	7.1	—
全市工业合计		2953634	3138413	2811952	2702930	45412500	44198600	39071476	34484974

资料来源：柳州市工业信息委员会。

规划（2015—2020）》《柳州市推广应用工业机器人实施方案》《柳州市工业企业应用工业机器人补贴资金管理办法（试行）》等规划，积极探索柳州特色的新型工业化道路，以项目推动产业升级、以抓大壮小扶微推动企业转型升级、以创新推动产品转型升级、以“两化”融合推动制造转型升级、以产业集聚推动园区转型升级、以节能降耗倒逼经济转型升级。

2009 年，柳州被列为广西的两化融合试验区，2010 年，又被工业和信息化部批复成为国家级两化融合试验区。目前，柳州大中型企业中 70% 以上都进行了信息化，大型企业生产装备自动化和半自动化率达 90%，柳工、柳化、柳汽等企业的信息化水平处于国内先进地位。柳州中小企业的信息化水平也在不断地提高和跟进，一批企业建立了国家、自治区级的技术中心，规模以上企业普遍建立了技术开发机构，“两化”融合发展水平指数全区最高。

（1）实施重点项目工程。

围绕汽车、机械、冶金三大支柱产业巩固提升，在汽车产业方面，实施“汽车整车升级工程”“汽车零部件提升工程”，竣工上汽通用五菱柳州发动机五期工程、东风柳汽柳东研发中心等项目；在机械产业方面，实施“工程装备制造业基础元器件优化工程”，调整产品结构，开发冷轧汽车用钢，推动柳钢产品向高附加值、高品质、高科技转型；在冶金产业方面，实施“钢铁产业产品结构调整工程”，支持工程机械、建筑机械优化升级，拓展现代农业机械、机器人两大新产业板块。

（2）在加快产业集聚与工业园区发展方面。

按照“空间布局有序、集群相对集中、园区形态鲜明”的原则，重点向东，北扩南延，优化提升“一轴两区一廊一带”工业发展新格局。重点打造东部汽车产业、西部机械产业、北部循环经济产业三个千亿元聚集区，加快建设十一个特色突出、结构合理、定位明确、协作配合和集聚化发展的工业园区。充分发挥工业园区科技引领、体制创新、产业聚集、土地集约的作用，以产业集聚推动园区转型升级，把工业园区建设成为优势产业的聚集地、经济的增长点。

（3）在实施产业优化升级方面。

通过实施支柱产业高端化工程，重点服务上汽通用五菱技术中心试验室建设、东风柳汽乘用车基地二期、柳钢冷轧汽车用钢开发与生产、柳工智能化工厂升级改造等项目，着力加强供给侧结构性改革和技术改造，加快向价值链高端延伸，推动产业转型发展；实施传统优势产业提升工程，重点服务柳化整体搬迁和技术改造升级、广西中烟柳州卷烟厂百万箱技术改造、柳冰食品公司年产 5 万吨功能糖生产基地等项目，进一步深化企业体制改革，加快企业转型发展；实施战略性新兴产业规模化工程，集中优势资源、实施重点突破，大力发展新能源汽车、电子信息、高端装备制造、新材料、节能环保、生物与制药6个战略性新兴产业。

（4）在实施创新驱动发展方面。

重点服务柳工液化天然气装载机技术攻关及产业化、银海铝业公司船舶用高性能铝合金新产品产业化、源创电喷公司柴油发动机后处理尿素溶液电磁阀式喷射器产业化等企业技术创新项目；大力推进国家汽车质量监督检验中心（柳州）、国家进出口汽车检测重点实验室（柳州）等创新服务平台项目。通过创新工作方式，优化创新环境，完善创新体系，加快创新项目建设，促进科技成果转化。

（5）在实施企业培育壮大方面。

强化重点骨干企业培育，以大企业带动上下游配套，围绕重点企业，加强招商引资，推动产业链式发展、集群发展，创新服务模式和建立融资体系，为企业发展提供良好环境。先后推出了强优企业培育计划、中小企业上台阶培育计划、战略性新兴产业培育计划等企业培育计划，有力地促进了重点企业、创新型企业的发展壮大。

（6）在实施绿色低碳发展方面。

加强重点领域、重点区域节能减排目标责任制管理，推进示范项目建设，抓好循环经济和清洁生产，完成淘汰落后产能任务。支持钢铁、有色金属、电力等重点行业企业清洁生产技术开发平台示范项目建设，并在财政专项资金安排上对先进清洁生产技术的应用和推广示范给予重点扶持；持续推进和完善循环经济试点工作，发挥示范企业作用，以点带面推动全市循环经济工作的开展，打造山清水秀的柳州品牌。

（7）在战略性新兴产业发展方面。

柳州加快构建战略性新兴产业体系，将继续建设上汽通用五菱年产20万辆新能源车、东风柳汽新能源汽车等项目，支持新能源汽车核心零部件研发生产，建设一批充电桩等配套设施，使之形成较为完整的新能源汽车生产体系。还将推进柳钢与中建钢构合作建设生产基地以及与建工集团合作生产建筑标准件，发展节能材料、新型建筑模块、住宅标准件产业，促进钢铁、铝材、水泥、工程机械与建筑产业深度融合。还将建设战略性新兴产业示范基地，重点培育30户战略性新兴产业骨干企业，将新能源汽车、新一代信息技术、智能装备制造、新材料、节能环保、生物医药等战略性新兴产业培育成为先导性、支柱性产业。

（二）柳州制造业转型升级面临的主要问题

2016年8月召开的柳州市第十二次党代会提出要“突出转型升级，打造国家重要先进制造业基地，紧密对接《中国制造业2025》，推进制造业向高端化、规模化、智能化转型升级”，这是对柳州“实业兴市，开放强柳”战略的进一步深化。而通过互联网助推制造业的转型升级，是当前供给侧结构性改革背景下，加快实现“柳州智造”这一目标的有效手段。

在实践中，柳州制造业在技术改造、集约化经营、与智慧产业的融合发展等方面已经做出了一些有益的尝试，智能化基础设施建设也已初具规模，但总体而言，柳州制造业转型升级尚处于起步探索阶段。

1. 传统工业化思维仍然盛行，对于“互联网+”存在认识偏差

互联网改变了信息获取能力，用户角色、行为和力量正在发生根本变化，以企业为中心的产销格局转变为以用户为中心的全新格局。然而柳州传统制造企业还没有真正适应这种变化，仍以传统工业化思维为主导，以自我为中心、以技术为中心、以产品为中心，而不是以客户为中心、以服务为中心。

很多制造企业对“互联网+”的认识还停留在比较浅的层次，没有将互

联网与制造业的融合放到战略层面去推动，在认识方面存在偏差：一是过度夸大互联网的作用，盲目地去照搬其他企业的成功模式，没有真正把互联网与行业特性结合起来。二是“＋”号的两端是“两张皮”，部分制造企业只是简单追求形式，认为触网就灵，比如在互联网上做营销、投广告、卖商品，认为这就是互联网化了，而没有认识到“互联网＋”的本质是用互联网工具逐步把企业内外价值链全部数据化，是互联网与制造业的深度融合，这需要对业务、组织、团队进行彻底改造。三是数据价值没有挖掘，不能把在互联网化过程中产生的大量数据作为科学决策的支撑，还是延续过去模糊的、定性的决策方法，而不是基于大数据的量化决策。

2. 产业结构失衡，战略性新兴产业发展仍处于初步阶段

突出表现为传统产业、重工业产业总量在经济总量中比重过大，而轻工业、新兴产业比重过低，产业结构不合理，分散市场风险能力弱。一是柳州市汽车、机械与冶金三大支柱产业占有绝对比重。二是重工业比重过大，轻工业发展不足。2014 年重工业产值占全市工业的比重为 89%，规模以上重工业产值为 3843 亿元，而轻工业产值仅为 465 亿元，重工业产值是轻工业的 8.3 倍。三是战略性新兴产业比重小。2015 年柳州战略性新兴产业实现产值 445 亿元，仅占规模以上工业总产值的 10%。轻工业和战略性新兴产业比重过低，使经济下行时期重工业承受较大压力，无法将市场下行风险分散到轻工业或新兴产业中，导致工业经济增长乏力。

3. 科技研发不足，产学研用联盟的长效机制尚未形成

目前，制造业与互联网融合的广度和深度不断拓展，融合技术、应用和产业进入新一轮快速发展期。然而，柳州参与融合发展的各方力量尚未充分整合，适应融合发展的长效机制尚未形成。特别是融合发展需要加强共性技术攻关，建立跨行业、跨领域新型产学研用联盟，当前柳州产学研用还存在

组织形式松散、运行机制不健全、创新成果商业化得不到保障等问题。

现在全市共有国家级企业技术中心 3 家，国家级高新技术产业化基地 2 家，自治区级企业技术中心 65 家，市级企业技术中心 94 家；全市共建设有 21 个人才小高地；至今只有华锡集团、上汽通用五菱公司、柳州工程机械股份公司和柳州钢铁（集团）公司等 8 家企业设立了博士后科研工作站。这些技术中心、人才小高地和博士后科研工作站的数量和规模难以支撑柳州制造业转型升级和加快打造区域性先进制造业基地发展的需要。柳州科技进步对经济增长的贡献率仅为 32.87%，远低于全国技术创新对经济增长的贡献率 55.3% 的平均水平。柳州开展研究与试验活动的经费投入占地区生产总值的比重很低，还达不到 1%，远低于全国平均水平。

4. 人才储备不足，难以提供强大的人力资源支撑

柳州高等教育相对薄弱，办学规模总量偏小，办学层次偏低，不仅落后于全国平均水平，甚至落后于西部同类地区城市，难以为城市发展提供人才储备。目前，柳州的全日制本科院校仅有 2 所（含鹿山学院），高职高专院校有 4 所，市属中等职业技术学校 15 所；全市专业技术人才队伍拥有高级职称人员占 4.89%，中级职称占 46.9%；高技能人才占全市技能人才总量的 10.3%，其中高级技师为 1077 人；全市现有博士 150 多人。高校缺少，人才储备不足，特别是高技能、高职称人才稀缺，高校对掌握机械、自动化、信息化的融合型人才培养力度不足。很多传统制造企业的信息化开发和管理人员素质还难以达到发展智能制造的水平，既懂制造技术又懂通信技术的融合型、复合型人才数量难以满足柳州制造业转型升级的需要。

5. 生产性服务业发展相对滞后

2015 年，柳州市物流企业超过 2000 家，其中年营业额超千万元的有 30 多家，年营业额超亿元的有 18 家，4A 级物流企业有 5 家。截至 2014 年 7 月

末，全市金融机构达76家，新型金融组织64家（小额贷款公司47家，融资性担保公司17家），全市金融融资总量新增203.45亿元；全市持融资性担保机构经营许可证的担保公司17家（法人公司16家，分公司1家），融资性担保余额102.10亿元，同比增长0.62%。柳州会展服务业正处在上升发展阶段，目前只有柳州体育中心和柳州国际会展中心两处大型室内会展场馆，难以满足会展的需要。物流企业较少，层次低；融资担保机构少、融资担保额小；会展业发展滞后等。这些生产性服务业的现有状况难以满足柳州实现制造业转型升级和加快打造区域性先进制造业基地的发展需要。

（三）柳州制造业转型升级面临的机遇与挑战

1. 机遇

（1）“两区一带”为产业开放与合作带来新的机遇。

中国—东盟自由贸易区于2010年的正式建成，2008年北部湾经济区以及2014年珠江—西江经济带均上升为国家战略，为柳州市开放合作与产业发展带来了新的机遇，而“一带一路”倡议的提出和实施，更是将以上的发展推向了一个新的高度。柳州是广西最大的工业中心和第二大中心城市，是西南重要的交通枢纽和工业重镇，相较经济圈其他大多数城市而言，柳州具有更加扎实和突出的产业基础优势，这为获得更大的产业提升空间和更好的产业合作机遇提供了条件。

（2）“互联网+”为制造业转型升级注入新的活力。

随着云计算、物联网、移动互联网、智能终端、大数据等技术研发和产业化的重大突破和进展，“互联网+”成为新一轮科技革命和产业变革发展的重要推动力，正在改变着传统制造业资源配置方式、研发模式和生产经营模式，最终将传统制造业改造成为现代制造业。目前，将制造业转型升级融入“互联网+”大潮，已成为各地政府认可的发展路径，各地纷纷制定并出台相应规划和政策，促进“互联网+”制造业发展。对于柳州而言，要顺应这一潮流，实现制造业的转型升级，抓住新一轮产业革命中难得的机遇。

2. 挑战

（1）广西区域资源的重新配置。

“两区一带”的发展将带动资源的重新分配与集聚，使广西经济布局重心向南部沿海区域转移，形成以南宁为中心、覆盖“南北钦防”及其周边区域的广西南部大经济圈。在此背景下，柳州要避免在广西区域经济中的地位与作用弱化，必须对城市及其产业发展模式进行重新定位，加快实现制造业转型升级与产业竞争力提升的任务重大而且非常迫切。

（2）未来国家产业政策的变化。

汽车、冶金、机械三大支柱产业受国家政策影响很大，尤其是汽车和冶金产业。例如 2011 年上半年，受汽车下乡、购置税减征等利好政策退出及燃油持续高涨等因素影响，国内汽车市场景气指数明显下滑。再如，近年来由于铁矿石价格波动、钢价下跌，致使毛利率下降，费用的增加加剧了钢铁上市公司的净利润下滑，使得产量增长放缓。2012 年 5 月，国家发改委核准了广西防城港钢铁基地项目，将会对柳州冶金行业的发展带来不小的影响。因此，支柱产业的高度集中，造成柳州市工业经济发展乃至整个地区的经济发展对国家政策的高度依赖。一旦政策红利消失，将对柳州支柱产业、工业乃至地区经济发展形成极大的冲击。如何降低政府政策的影响，实现制造业顺利平稳地转型升级，是柳州制造业需要面临的一大挑战。

三、国外制造业转型升级的实践与经验启示

2008 年金融危机之后，国际制造业的分工格局开始发生变化。高端制造业开始向发达国家回流，美国等发达国家为提振经济，提出“再工业化”战略，意图通过发展先进制造业占领世界制造业的制高点；德国提出“工业 4.0”战略，旨在通过发展“智能制造”来推动制造业的升级，继续巩固和加强其世界制造业强国地位。而东盟等新兴经济体则在我国劳动力成本不断提升的情况下，加快推动劳动密集型产业的发展，吸引更多发达国家的制造业转移。

在迎接新一轮的产业革命过程中，智能制造还是一个新事物和新的发展趋势，即使是在它的倡导者——美国、德国和日本等国家也尚在探索之中。因此，这里所说的比较借鉴，是就相关联的工业发达国家在工业化实践中，如何应对产业发展新趋势及其转型中自身问题的解决所做的分析与思考。

（一）美国的“再工业化”战略

在美国看来，“再工业化”进程并非制造业的简单“回归”，而是工业化与信息化的深度融合，是物联网、大数据、云计算等先进技术在工业制造业中的广泛应用。美国互联网战略又称“工业互联网”，它将智能设备、人和数据连接起来，并以智能的方式交换数据以期打破技术壁垒，促进物理世界和数字世界的融合。美国侧重于利用软件和互联网经济发达的优势，在“软”服务方面推动新一轮工业革命，希望借助网络和数据的力量提升整个

工业的价值创造能力，保持制造业的长期竞争力。其在制造业转型升级方面的举措主要有：

1. 将制造业发展上升到国家战略高度并以法律的形式予以保障

2009 年至今，美国陆续出台了《再工业化战略》《先进制造业国家战略规划》等指导经济复苏的战略规划，并将“制造业复苏”上升到法律的高度，颁布实施了《制造业促进法案》力图推动制造业回流与振兴。

2. 打造全国制造业创新研究网络

联邦政府出资 10 亿美元，在 10 年内创建 15 个制造业创新研究所（IMI），涵盖制造业各环节，形成制造业创新生态系统和完整的技术创新链条，致力于先进制造技术的转化与推广。制造业创新研究所的合作伙伴包括企业、大学、科技实验室、非营利组织、联邦政府、州及地方政府等。创新中心采取商业化运作的模式，初期由政府与会员共同出资，逐渐过渡到自我发展。创新中心充分发挥中小企业科技创新的活力，着力于技术成果转化和应用的薄弱环节，强化系统内各会员单位的共享与合作，主导推进先进制造技术应用标准的制定。

3. 促进先进制造业发展的配套政策举措

第一，完善技术创新政策，加大对先进制造业研发及其基础设施的投入，通过税收优惠，特别是加快设备折旧和研发活动永久性税收减免等，支持制造业科技研发和应用。第二，将中小企业视为“再工业化”的中坚力量，加大对中小企业的扶植，增加对中小企业的投资，为中小企业贸易融资提供便利。第三，为美国制造业创造公平竞争和开拓海外市场的条件，通过对出口企业给予政策优惠，成立“出口促进内阁”，开发新兴出口市场，提升制造业企业出口竞争力，有条件地放松高新技术产品出口管制等措施，促进出口，推动美国经济由债务推动型向出口推动型转变。第四，加大对高速铁路、道路桥梁、智能电网、清洁城市基础设施以及下一代航空管制的投资，开发先进的信息技术生态系统，为提升制造业企业竞争力、发展战略性新兴产业构造稳固、方便、先进的现代化物质基础设施系统。第五，改善教育体系，注重人才培养，通过加强学前和中小学教育，为工人获得必要的劳动技能、企业家提升管理技能等提供培训机会，促进美国名校达成教材共享、共享先进制造和其联动创新的最佳做法的合作框架等措施，提高员工素质和技能，为制造业的回归及战略性新兴产业的发展储备人才，提高就业率。

（二）德国的“工业 4.0 战略”

面对美国工业互联网技术的竞争压力，德国在 2011 年汉诺威工业博览会上提出“工业 4.0”的概念，并于 2013 年出台了“工业 4.0 战略”和“2020 高科技战略”规划，开启了以智能制造为主的“第四次工业革命”之路，旨在加快推进制造业网络化、智能化，致力成为“工业 4.0”标准的制定者与推广者。为推动制造业的革新，德国发布了《保障德国制造业的未来——关于实施工业 4.0 战略的建议》，并于 2013 年 10 月发布标准化路线图开始实施。德国“工业 4.0 战略”充分考虑了新一轮产业革命孕育发生的时代特征和新一轮产业变革的基本趋势，考虑到未来国际产业特别是制造业竞争的特点及要求，强调从德国工业发展的现实基础和优势条件出发，充分利用正在迅速发展的先进信息网络技术和智能化、数字化设备，对制造业生产方式、产业组织、生产流程等进行系统性改造和升级，抢占未来世界制造业竞争的制高点。德国“工业 4.0 战略”的核心是构建信息物理系统（CPS），两大主题是“智能工厂”和“智能生产”，实现制造业全方位的系统整合。

1. *政府资助战略性新兴技术突破*

德国政府重点支持生物技术、纳米技术、微电子和纳米电子、光学技术、材料技术、生产技术、服务研究、空间技术、信息与通信技术等的发展，保持德国在这些领域的领先地位。德国政府寄希望于依靠这些关键技术发展出新产品、新工艺和新服务，促进经济、社会和环境的可持续发展。

2. 产业政策的重点是全流程优化创新环境

第一，积极培育创业精神。德国的产业创新模式是典型的生产者主导型创新模式，全社会的创业精神较弱。为了激发创业活力，德国政府试图改善创业环境。第二，提升中小企业的创新能力。中小企业政策思路是完善中小企业公共服务体系，鼓励中小企业更多地进行中长期研发，以及形成制度化的产学研合作机制。第三，促进风险投资发展。优化经营环境，解决风险资本市场和直接投资发展滞后的问题，发展多层次的融资工具，激发风险资本的活力。第四，加强标准化建设。进一步加强标准化政策与研究资助政策之间的政策协调，以标准化促进科研发展。

3. 多元主体分工协作的科研创新体系

首先，德国十分重视基础研究。其次，德国的应用科学创新体系具有鲜明的特色，也是其制造业成功的关键。再次，支撑德国制造业创新的各种机构，包括研究中心、大学、企业和研究共同体等，都不同程度地受到了德国联邦政府和各州政府的大力支持。最后，加速创新成果的产业化，主要政策措施包括继续支持科研机构和中小企业申请和应用专利，促进学术成果的商业化，升级校园资助项目，继续实施“领先集群竞争”和创新联盟等行之有效的政策。

4. 以“双元制”职业教育为特色的劳动力培训体系

德国的教育和培训体系设计精妙，善于培养适应新技术和新工艺的制造业技术工人，其中最具特色的是德国的“双元制”职业教育。在“双元制”职业教育中，职业学校的学生同时也是企业中的学徒，企业培训和职业学校学习交替进行，以企业培训为主导。而且“双元制”职业教育的重企业实践和校企合作的理念也在向高等教育层面渗透。

5. 实施“双领先战略”

为部署和推广其物理—信息系统，实施了所谓的“双领先”战略：一是对外实施“领先供应商战略”，其目标是发挥德国在先进制造技术解决方案和IT解决方案方面的优势，保持德国作为全球领先制造技术供应商的优势地位。二是对内实施“领先市场战略”，其目标是维持德国作为全球制造业领先市场的地位，利用本土市场促使国际化大企业和区域性中小企业共同接入全新的价值链。

（三）日本的制造业再兴战略

日本致力于推行“制造业再兴战略”，巩固其制造业强国地位，试图通过产业振兴刺激经济增长。日本注重对人工智能产业的探索以解决劳动力断层的问题。首先应用的领域就是工业化生产线。得益于政府政策支持，日本通过改革技术，采用智能化生产线的企业越来越多。日本强调制造业的智能化发展，对于制造业的网络制造并没有明确地提出来，但是日本的信息产业是最大的产业，信息产品尤其是网络产品在全球具有明显的竞争优势，同时信息产业的增长对整个日本经济的发展具有良好的波及效果，对制造业的转型升级也有一定的带动作用。日本能够快速实现转型升级，与其实施强有力的产业结构、产业组织和产业发展政策密不可分。

1. 充分利用产业结构发展规律

日本的制造业再兴战略，立足世界市场，充分尊重产业结构发展规律，与其贸易政策紧密相连。从进口替代战略到出口导向战略，实现产业结构不断升级。日本的这种产业政策是超常规的，它没有直接选择比较优势产业，而是选择了潜在优势产业，这种超常规性恰是日本产业政策成功的原因之一。

2. 产业政策依靠市场机制推动

日本的产业政策历经了从战略性产业政策向市场导向的补充性产业政策的转移过程，而在政策手段上又历经了从直接管制向诱导型、指导性政策手段的转变过程。随着对产业的保护政策与强制性政策手段逐步废除，以提供信息、咨询和预测为宗旨的产业政策比重逐步上升，各种审议会、研究会、新闻媒体互相交换信息、交换意见，对产业发展的方向进行合理展望。从政府与市场的关系来看，日本的产业政策总体特点体现了依靠市场竞争机制与企业自身活力来推动产业发展。

3. 企业始终是创新的主角

在当今争夺新一轮的产业发展制高点的竞争中，日本的大企业开始倚重智能制造的关键技术，加紧开展创新和研发活动。例如电子巨头佳能依托机器人技术建立了世界首个数码相机无人工厂。本田则运用新技术开发缩短生产流程，并成功建设了世界上最短的高端汽车生产线。与此同时，中小企业则为提高创新效率，优化资源配置，提升企业竞争力，从而使自身的创新活动逐步由封闭向以集群式创新为代表的合作创新转变。日本政府在企业创新活动中承担的责任，则主要是维护市场经济的秩序，并且把其工作重点放在了为企业提供公平的和能够促进竞争的有利环境上。

4. 依法调整是产业结构转型的重要手段

充分利用法律手段推动产业结构调整是日本产业调整的重要经验。日本在每个产业发展阶段，都制定了稳定产业发展的有关法律法规，以凝聚力量有秩序地恢复和加速特定产业的发展。

5. 注重产业组织政策与产业结构政策相辅相成与协调运作

日本产业组织政策的目标是不断提高企业国际竞争力，在这一目标下，日本产业组织政策的重点在企业合并、改组政策以及中小企业政策两方面，强调企业的大型化、集团化，倾斜于规模经济的利用，同时兼顾大中小企业的协调发展。这些产业组织政策使日本培育和扶持了一批国际一流的跨国公司和企业集团，建立了有效竞争的市场结构，形成了富有活力的企业，弥补了产业结构政策可能出现的缺陷，大大提高了日本企业的国际竞争力。

（四）国外发达国家制造业转型升级的借鉴与启示

柳州虽然是广西工业发展的第一大市，但处于产业价值链低端，面临要素成本上升、产能过剩矛盾突出、市场竞争加剧、环境污染严重、转型升级步伐缓慢等诸多矛盾和难题。从外部竞争环境来看，一场影响深远的新产业革命正在孕育发生之中，新一轮全球产业深刻变革正在加速推进；与此同时，发达国家纷纷实施“再工业化”战略，重点发展高端制造业，以期在未来国际经济竞争中占据有利地位。面对国内外产业发展条件和竞争环境的变化，借鉴发达国家经验，加快推进柳州制造业转型升级步伐，显得尤为必要和迫切。具体来说，西方发达国家对柳州制造业转型升级的启示主要表现在以下几个方面：

1. 制造业转型离不开政府的积极引导

在产业转型升级中，往往伴随着高度的不确定性，企业在不确定的环境下更倾向于短期行为，从而导致“市场之手”往往不能有效地引导企业配置资源。在各国制造业转型升级的成功经验中，从宏观政策到微观行动，政府无不积极作为，发挥着引导作用。

2. 将智能化、数字化和服务化作为制造业转型升级的基本方向

美国的“工业互联网”与德国的“工业 4.0 战略”的基本理念都是依托互联网、物联网与大数据实现集成与互联，打造智能化的产业体系实现生产

效率提升。通过将物联网和服务网应用于制造业生产的全过程，构建起智能化、数字化的信息物理系统，加强制造业与服务业的有效融合，从而实现制造业的高端化发展。可以说，制造业的智能化、数字化和服务化代表了世界制造业发展的方向和潮流。

3. 强化技术创新平台建设，促进制造业标准统一

在新产业革命条件下，制造业的转型升级必须强化技术平台建设。为有效推进“工业4.0战略”，德国建立起个人、政府、企业“三位一体”的合作型研发体系，美国打造全国制造业创新研究网络，日本发挥大企业和中小企业的创新主体作用，无不说明技术创新平台建设的关键作用。

从工业标准看，德国“工业4.0战略”对制造业设备及其特征有独特、详细的分类，且要求所有制造商须按照此分类使用同一种语言进行生产。这种完善的工业标准，从一开始就避免了工业制造企业在跨系统、跨平台生产时的不兼容问题，有效提高了工业生产效率。

4. 制造业转型升级离不开人力资本投资

制造业要进行转型升级，必须实现由传统制造业向先进制造业的转变，先进制造业区别于传统制造业，主要体现在产品和创造过程中的高知识含量、高技术要求、高效率及低消耗，归根结底依赖于高素质的人力资源。德国的师徒制、日本的持续培训、美国的产学研结合等都是打造高素质人才队伍的有效途径。

5. 充分发挥中小企业作用，形成大中小协同发展的新型产业组织

从工业经济时代到今日的信息经济时代，日本企业始终是创新的主角，而在当今争夺新一轮产业发展制高点的竞争中，日本大企业开始倚重智能制造的关键技术，加紧开展创新和研发活动，而中小企业则为提高创新效率，优化资源配置，提升企业竞争力，而使自身的创新活动逐步由封闭向以集群

式创新为代表的合作创新转变。德国“工业4.0战略”使其制造业生产能够以个体需求为目标，由此为中小企业提供了巨大发展空间，中小企业形成自身的核心竞争力并深度参与到市场竞争之中，在个性化生产方式中发挥着其独特的作用与功能，形成大中小型企业协同发展的新型产业组织。

四、互联网背景下柳州制造业转型升级的实现路径

（一）柳州制造业转型升级的总体思路、基本原则与主要目标

1. 总体思路

互联网背景下柳州制造业的转型升级，必须继续坚定实施“实业兴市、开放强柳”战略，主动顺应“互联网+”发展新形势、新要求，立足现实基础和自身特色优势，以互联网思维为导向，以创新驱动为基本主线，以智能制造为突破口，在现实基础上稳步推动制造业向着网络化协同制造、服务型制造、智能制造和绿色制造的方向迈进，实现生产模式、营销模式、管理模式和产业链构建模式的创新。

2. 基本原则

（1）坚持创新驱动，激发转型新动能。

创新驱动是制造业转型升级的基本主线。坚持创新驱动就是要充分发挥互联网在激发产业创新发展、增强转型动力方面的作用，最大限度地会聚各类资源和力量，加强创新要素、创新理念与制造业发展的对接应用，带动新技术、产品、业态、模式创新，提高供给体系的质量、效率和层次。

（2）坚持融合发展，催生制造新模式。

融合发展是制造业与互联网向广度和深度融合的重要方向。坚持融合发展，就是要充分发挥互联网在产业转型升级中的平台作用，消除制造业企业与互联网企业之间的隔膜，破除行业间的观念壁垒，推动制造业企业与互联网企业在发展理念、技术产业、生产体系、业务模式等方面全面融合，形成以开放、共享为特征的生产组织体系，培育网络化协同制造、个性化定制、服务型制造等制造新模式。

（3）坚持分业施策，培育竞争新优势。

分业施策是深化制造业与互联网融合的可行路径和现实选择。不同行业、不同企业与互联网的融合处于不同的发展层级，需要针对不同行业、不同企业、不同的融合基础与水平差异，制定不同的发展战略和精准政策体系，培育形成制造业竞争新优势。

（4）坚持企业主体，构筑发展新环境。

企业是制造业转型升级的主要载体和践行者。必须充分利用市场机制，最大限度地发挥企业在信息技术应用方面的主观能动性，突出市场需求对技术、产品、模式、业态创新的导向作用，增强企业发展的内生动力。同时，要优化政府服务，消除体制机制壁垒与障碍，提升管理服务水平，营造良好发展环境。

3. 主要目标

到 2020 年，相比 2015 年，工业云用户翻一番，新产品研发周期缩短 12%，能源利用率提高 5%；形成示范引领效应较强的制造新模式，初步形成跨界融合的制造业新生态，制造业数字化、智能化取得明显进展。

到 2025 年，制造业与互联网融合发展迈上新的台阶，融合发展模式广泛普及，新型制造体系基本形成，制造业综合竞争实力大幅提升。

（二）柳州制造业转型升级的主要实现路径

1. 网络化协同制造

借助互联网的力量，制造业生产逐步由集中式控制向分散式控制转变，网络化协同制造由此产生。网络化协同制造不是“去制造业”或单纯地转向服务，而是制造企业强化核心技术优势和品牌影响力，最大限度实现价值增值的重要途径。企业利用互联网平台跨时空、无边界、促共享的特性，实现企业内部与企业之间各类资源的集聚整合，推动制造活动从单打独斗向产业协同转变。网络化协同包括协同研发、供应链协同、协同云制造等类型。

（1）协同研发。

与消费端衔接紧密的行业如汽车、日化、食品产业等，可以搭建开放式网络平台，畅通与用户交互的渠道，广泛采集用户需求，在掌握消费者实际需求的基础上，通过构建交互创新社区吸引企业内部员工、社会研发机构开展有针对性的产品创意设计（见图 1－1）。而机械、冶金等离消费端较远的行业则应注重集聚共享市场要素与资源，实现产业链上下游协同设计。例如，中国商飞基于网络协同设计平台，高效协调了全球数十家设计商、几千名工程师，完成了 C919 型飞机的在线协调设计，大大缩短了研发周期。

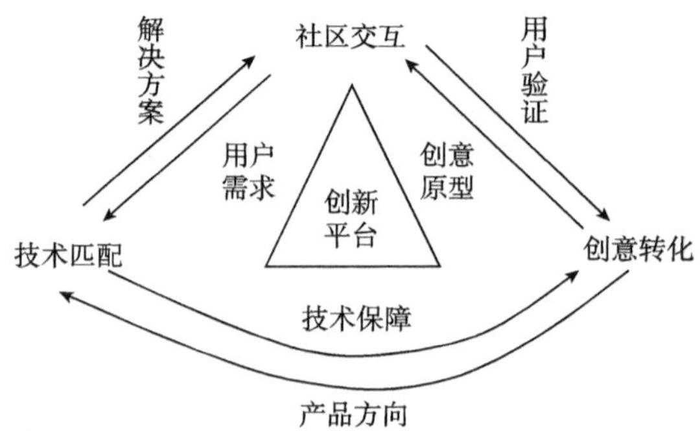

图 1－1　基于协同研发的众包模式

（2）供应链协同。

企业以快速响应市场动态化为核心，通过互联网平台整合制造商、供应商、销售商、物流服务提供商和客户资源，以信息流、技术流、资金流、物资流引导带动供应链资源优化配置，提高供应链竞争力和创新力。例如，一汽集团建立了 TEEMS 系统平台，并通过与电子商务系统的集成，与供应商、客户、合作伙伴建立产品信息共享，甚至已经尝试将概念车设计方案以三维数据形式传递给供应商，吸引供应商主动参与产品设计和生产。

（3）协同云制造生态体系。

云制造是一种特殊的网络化协同制造形态，即借助云计算的理念，将技术、工艺、模型、知识、软硬件等各类制造资源虚拟化，以系统解决方案的形式为各类制造主体提供各类制造服务，帮助企业降低运行成本、提供敏捷生产和协同生产能力。其运作模式是：企业用户向云制造平台提出使用请求，云制造平台对请求进行分解、调度、优化和组合，形成最优匹配的整体解决方案提供给用户，实现制造资源和制造业软件、研发设计等服务按需供给、即买即得。

柳州应大力支持有条件的制造企业通过灵活高效的供应链信息系统、物流配送体系等，构建包括供应商、加盟商、分销商与企业自身的产业链联盟，快速响应客户需求，形成引领行业发展的服务型制造生态体系。支持企业探索网络化协同制造模式，要求企业不仅基于网络平台促进设计、制造资源的共享协同优化配置，更要注重进一步改造企业组织结构，通过内部组织扁平化和资源配置全球化培育竞争新优势。中小企业借助互联网构建虚拟产业集群，以小批量、低成本的个性化定制产品优势发展壮大，形成与大企业竞争的新格局。

2. 服务型制造

服务型制造既包括制造企业基于互联网平台推动服务模式、业态模式创新，也包括生产性服务业平台化、专业化发展。主要包括数据化在线化服务、数据化生产性服务等两种类型。

数据化在线化服务是指制造企业利用互联网、物联网、云计算、大数据等技术，基于被植入通信和智能模块的产品，开展远程诊断、在线运维和产品全市场全生命周期管理等服务，推动生产型制造向服务型制造转变，促进制造业价值链持续提升。例如徐工集团依托大数据、云计算、物联网等信息技术的运营，推出覆盖徐工集团、呼叫中心、企业、备件中心、经销商、供应商、工程师、车辆、客户的全球物联网智能云服务平台，围绕工程机械全生命周期提高服务，不断优化设备的市场制造、安装调试、智能物流、风险预警等业务流程，逐步实现以产品制造为核心向依托产品提高综合服务的方向转型。

数据化生产性服务是通过建成整合电商、物流、信息服务、技术服务、金融服务等生产性服务多项功能的云制造综合化服务平台，加快实现从制造商到集成服务商的转型。例如宝钢集团组建钢铁服务平台公司（欧冶云商股份有限公司），通过构建开放、合作的钢铁服务生态体系，全面拓展钢铁交易、加工配送、智能制造、支付结算、金融投资、大数据分析六大服务，通过提供基于钢铁产品的增值服务和基于技术创新的专业服务，实现基于互联网云智造平台的智慧钢铁制造和现代钢铁服务。

在实现方式上，柳州制造业应以产业链延伸发展为主要抓手，推动围绕制造业服务化发展服务产业。一是大力延伸原有制造业中的研发设计环节，发展创意产业。二是为客户提供覆盖产品生命周期的全过程服务。三是围绕制造业发展中的金融、物流等生产性需求积极发展产业金融、第三方物流业。当前拓展基于互联网的服务型制造的重要着力点是，结合柳州不同行业和不同领域的产品特征，大力推动不同类型的服务模式创新。

第一，在汽车制造领域，鼓励企业依托无线通信技术和卫星定位系统开展远程诊断、安全援助、定位导航等安全信息服务，同时引导企业在汽车研发、生产、物流、贸易、金融、保险、维修、展示、测试与检测、培训等环节进行投资与经营。汽车产业是柳州的第一支柱产业，不仅有整车制造企业，还有众多配套厂家，汽车产业通过产业链延伸从而推动制造业服务化经验可以为其他产业服务化发展提供示范。如图 1－2 所示。

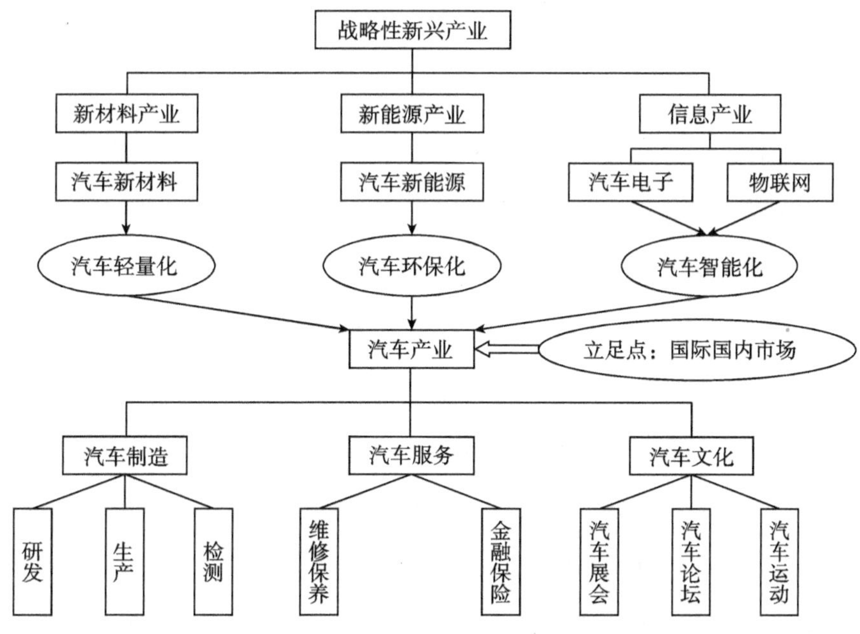

图 1－2　柳州汽车产业服务化发展模式

第二，在装备制造领域，引导企业以服务产品全生命周期为目标，积极搭建智能云平台，研发具备嵌入式通信模块的智能产品，通过数据采集、智能传感、物联网、物联网通信、数据建模分析、专家诊断技术，集成机器设备运行状况、环境参数等信息，为用户提供技术支持、故障诊断、检测维护、主动保养等产业链延伸服务。

第三，在钢铁、石化、电子等领域，支持有条件的企业建立电子商务平台，在采购环节，实现采购全过程集中统一管理，建立稳定而有竞争力的供应商管理和评估体系，确保采购供应链的规范、透明、高效运作。在销售环节，与企业经营管理、制造单元、分销渠道等形成对接，确保客户订单全程跟踪，强化全过程服务。同时，支持行业大型骨干企业开发电子商务平台，整合产业链各种资源，面向行业提供采购、销售、交易、客户服务、物流等专业化服务，提升产业集群竞争力。

3. 绿色制造

要打破高投入、高耗能、高污染的粗放型工业发展模式，实现产业的优化升级，光对搬迁企业给予优惠政策引导其“退城进郊”“退城进园”，显然不是治本之策，更需通过加大技术改造力度，让产业“聚绿”、科技“强绿”。为此，应充分发挥互联网对海量工业数据等资源的集聚作用，提高企业用户端设备、产品的运营效率、智能决策和清洁制造水平。一是加快构建柳州各行业绿色制造数据库和知识库，为绿色设计、绿色材料的选择、绿色工艺规划和回收处理方案设计提供数据支撑和知识支撑；二是形成各企业绿色制造集成系统，包括产品和工艺设计与材料选择系统的集成、用户需求与产品使用的集成、绿色制造系统中的信息集成、绿色制造的过程集成等；三是逐步推广知识系统、模糊系统和神经网络等人工智能技术在绿色制造中的作用，如在制造过程中应用专家系统识别和量化产品设计、材料消耗和废弃物产生之间的关系，来比较产品设计和制造对环境的影响等。

4. 智能制造

柳州的制造业转型升级，必须进一步加快推动新一代信息技术与制造技术融合发展，把智能制造作为“两化”深度融合的主攻方向。着力发展智能

装备与智能产品，推进生产过程智能化；同时，培育新型生产方式，全面提升企业研发、生产、管理和服务的智能化水平。

（1）智能制造装备与产品。

一是以工业机器人为龙头，集中优势发展机器人产业集群，依托汽车、机械、食品、电子、建材、化工等产业基础，加快引进国内外有实力的机器人生产制造企业，重点扶持柳工、高华机器人项目，促进机器人制造标准化、模块化，布局建设中国—东盟（柳州）机器人产业基地。二是以建设智能专用装备产业园为依托，发展新型传感器、智能测量仪表等智能核心装置。三是培育一批 3D 打印骨干企业，强化面向汽车及其零部件、智能装备制造、电子电气、文化创意领域的实际应用。例如，在汽车零部件行业，可通过利用 3D 打印快速制造关键共性技术的研发与应用，打造独具特色的“汽车零部件数字化 3D 打印快速制造系统”，以满足单件、小批、个性化汽车领域复杂金属零件和结构件的快速设计和制造，从而缩短新产品的研发周期，降低研发成本和风险。

（2）提升企业生产制造智能化水平。

加快推动新一代信息技术与制造技术融合发展，把智能制造作为深化“两化融合”的关键突破口，全面提升企业研发、生产、管理和服务的智能化水平。以柳州 10 家国家“两化融合”贯标试点企业为引领，积极促进汽车、机械制造、钢铁、食品加工等产业部门发展智能工厂/数字化车间，实现互联网、物联网、云计算、大数据在研发设计、生产制造、物流运输、销售服务、绿色发展等全流程和全产业链的综合集成应用，推动产业结构向中高端跃迁。一是推动信息物理系统（CPS）核心技术的研发和在重点行业的普及与应用，提升制造业基础软实力和行业系统解决方案的能力；二是支持企业人机智能交互、自动化设备、数控设备和工业机器人的应用，重点建设柳钢集团 MES 项目、东风柳汽数字化生产制造流程管理集成平台等，实现生产过程信息化；三是支持企业开发智能控制系统及电子产品等，实现工业产品智能化；四是推进一批数字车间、智能工厂建设，实现经营管理信息化；五是鼓励物流企业智能物流管理的应用，加强大数据、云计算、物联网、移动互联网等先进信息技术的应用，开展技术应用和经营模式创新；六是大力推进中小企业信息服务云平台建设，基于云计算、互联网、物联网等先进技术，以服务中小企业为核心，聚集地方资源及信息数据，整合第三方资源，提供 IT 基础环境、企业业务应用和运营服务，为中小企业经济运行提供经营管理、营销服务、金融服务、大数据服务等多样化应用服务。

5. 营销模式创新

为适应互联网时代个性化体验经济营销环境新变化，制造业企业必须创新营销模式：

（1）营销理念的转变——增强客户体验。

制造企业要借助新一代信息技术如微博、微信、QQ、官方网站等工具，建立开放式创新平台，努力贴近客户，了解、满足客户个性化需求，增强客户体验，进行“情感营销、口碑营销”。

（2）营销手段的创新——网络电子商务。

必须加快推进制造业与电子商务企业开展战略投资、品牌培育、网上销售、物流配送等领域多层次合作，整合线上、线下交易资源，拓展销售渠道，打造制造、营销、物流等高效协同的研发、生产、流通一体化新生态与新型商业模式。

一是构建和提升一批 B2B（Business to Business）网上交易专业市场平台。支持汽车、冶金、机械、食品等重点行业的骨干企业建立在线采购、销售和服务平台，引导企业平台向行业电子商务平台转型，如糖网、钢网、车网、汽配网等，推动供需精准对接，创新去产能、去库存、降成本的手段和模式；引导、鼓励和支持针对柳州企业的实际情况来研发、创建自主型电子商务专业服务平台，如电商外贸服务平台、跨境电商平台、电商物流平台等；鼓励信息通信企业建立工业电子商务服务平台，完善大宗商品在线交易的支付、物流、税收等基础设施和政策环境，形成一批集网上交易、加工配送、大数据分析等于一体的第三方工业电子商务综合服务平台。

二是鼓励企业开展 C2B（Customer to Business）个性化定制。一方面利用用户交互平台将碎片化、个性化需求汇集成批量订单；另一方面提供信息物理系统，促进制造工艺和流程的数字化管理与产品个性化消费需求的柔性匹配，从而实现以消费者深度参与为特征的个性化定制生产，企业将消费者个性化需求融入产品设计中，让消费者成为“合作生产者”，在价值链各环节为消费者提供满足其个性化需要的“产品系统”，实现顾客的价值。支持企业开展个性化定制生产，要求企业更加注重以客户为中心，以互联网和大数据平台为基础，依托平台和消费圈的交互，吸引消费者广泛、深入地参与产品的研发设计，将客户的各项需求融入产品设计和制造过程中，开展个性化产品设计和定制服务，并在此基础上以柔性化生产线为依托，开展批量化生产，不仅引领了需求，更创造了需求，提升了产品附加值和品牌竞争力。

三是充分利用 O2O（Online to Offline）模式，将线下的商务机会与互联网结合，让互联网成为线下交易的平台。通过网购导购机，把互联网与地面店完美对接，实现互联网落地。让消费者在享受线上优惠价格的同时，又可享受线下贴身的服务，O2O 模式打通了线上线下的信息和体验环节。同时，O2O 模式使企业通过线上、线下结合的方式与消费者就产品设计、制造进行实时互动交流，并根据需求进行排产，因此，O2O 从提供电子商务的平台演进为提供用户深度参与、供应链高度协同、迭代式创新的制造智能化、柔性化、定制化解决方案。

四是支持跨区域、跨行业的物流信息平台建设，进一步推动柳州各类经济主体（大型企业、中小微企业、专业市场等）“触电上网”，加强工业电子商务与物流集成发展，推动制造业采购、生产、仓储、配送的数字化、可视化和智能化。依托市内电商产业园区，并注重引入电子商务产业链上下游的企业（如物流企业），形成产业的有效集聚，为电商企业提供集成式、一体化、“一站式”服务，促进电子商务物流发展。

6. 组织体系优化

“互联网＋”实现人、机器设备、互联网互联互通，数据、信息成为最重要资源，原先垂直化企业组织管理体系中的许多中间管理层次因此只能弱化而被压缩或取消，整个制造业组织管理体系呈现扁平化。相比过去，这大大提高了制造企业运行效率，只有运营总部而没有生产车间，网络化组织或虚拟化组织成为新时代制造业组织管理新模式，是制造业转型升级的主要方向之一。制造企业内外部组织借助互联网进行生产流程再造，从垂直变为扁平、有形变为无形、有界变为无界，从而极大简化整个组织体系，提高管理效率。

（1）扁平化。

扁平化组织具有传统组织所不具备的一些优势：中间层减少，最直接的作用就是降低管理费用；信息的传递速度快，信息失真少，有利于信息的沟通；各级部门直接面对市场，有利于提高决策效率，组织反应能力也更加灵敏；有利于充分调动员工积极性，发挥人的潜能，激发员工的首创精神。

扁平化实施需要一系列的基础和条件，其中，信息化是前提，业务流程再造是基础，员工素质是关键，变革的心理调适与企业文化建设是保障。现代信息技术的发展使组织的大量繁杂信息得以在极短时间被处理并迅速传递，整个企业内部各个部门、各个岗位的工作信息通过网络连接起来，供应链管理、企业资源计划、批量客户化生产、客户关系管理等都是组织扁平化变革中必不可少的信息管理手段和基础；业务流程再造包括内部的业务重组和外部的供应链再造两个部分，内部的业务重组要以顾客需求为导向，消除市场、生产、销售、人事部门之间交流和沟通的障碍，实现为顾客服务活动的横向价值链整合，而外部的价值链重组则是除了保留拥有核心竞争力、能够创造较大附加价值的环节外，将其他不具备优势的业务外包或者独立出去，重新建立与供应商、销售商、其他制造商及消费者之间的战略关系。

（2）网络化。

网络化分为两种形式，即企业内部组织网络化和企业外部组织网络化，其实两者的区别仅在于活性结点的不同。

在内部网络化过程中，应注意企业与部门（团队）、管理者与员工的角色定位。对于企业而言，要致力于创造一种激励交流、合作和创新的企业文化，为促进部门（团队）的合作交流创造良好的条件，另外，企业在促进资源有效利用和成员间相互交流的同时，必须发挥网络资源的整合作用，应用内部竞争的方式来进行资源分配，以激发部门（团队）的经营积极性。

在外部网络化的发展过程中，需要重新定位与顾客、经销商、供应商以及竞争对手的关系，建立顾客、经销商、供应商网络以及与竞争对手的战略联盟等这样一种全方位的网络系统。网络组织亦需建立规范体制，规范企业网络系统，约束企业间的行为规范，引导企业组织网络化优势发挥的同时，采取措施预防及应对非正常行为对组织网络化造成的损伤。

（3）虚拟化。

虚拟化是以计算机与信息网络为基础和支撑，建立以分工合作关系为联系纽带、以权威控制与市场相结合为运行机制的动态企业联合体的过程。虚拟组织需要对环境具有较强的敏感性与响应的敏捷性，可以根据环境、任务的变化，及时地调整合作伙伴，组织边界不断地修正与调整。

制造业企业在虚拟化进程中，要克服虚拟组织在运行过程中存在的一些固有的管理难题，例如信任与冲突、整体与部分之间的矛盾，因此，要转变观念，加强与其他企业的合作，并建立组织之间的信任，增强对组织的整体控制。

五、加快柳州制造业转型升级的政策建议

企业是实现转型升级的主体，在互联网背景下，制造业应主动放下姿态，积极投入到这场大改造运动中来，将企业战略、组织架构、管理方法、业务创新等与互联网进行深度融合，制定实施“互联网＋”战略规划、优化组织体系、重塑制造模式，在原有产业生态基础上进行升级与更新，以融合驱动创新发展。

政府是制造业与互联网融合发展环境的营造者，是标准规范、法律法规的制定者，是试点示范的推动者。要注重发挥好政府的引导和推动作用，要加快制定鼓励新技术、新产品、新模式、新业态的相关政策，加强引导和监管，消除体制机制上的壁垒和障碍，进一步简政放权，提升管理服务水平，营造良好的发展环境。

（一）完善制造业转型升级的机制体制

随着制造业与互联网在深度与广度上的进一步融合，基于互联网的新产

品、新模式、新业态不断涌现，其健康发展需要更加完善的制度环境，需要在市场准入、知识产权保护等方面取得突破。

1. 深入推进简政放权、放管结合，优化服务改革

这是充分发挥市场作用，降低新产品、新业态的市场准入限制和行业壁垒的重要举措。一方面，要求进一步加大行政审批事项取消和下放力度，全面清理非行政审批事项，规范审批权责和标准，实现审批流程优化、程序规范、公开透明、权责清晰；另一方面，要放宽新产品、新业态的市场准入限制。可参照 2016 年 5 月国家发改委、商务部印发的《市场准入负面清单草案（试点版）》，对市场上出现的融合性新技术、新产品、新业态、新商业模式等，先不要急于纳入市场准入负面清单管理，各类市场主体依法平等进入融合性新产品、新业态等领域，政府不再审批。

2. 构建知识产权运营服务网络

围绕促进融合创新成果知识产权创造、利用、流转、交易等服务，按照“需求导向、盘活存量、多方参与、协同发展”的原则，构建结构合理、层次分明、可持续发展的知识产权运营服务网络。打通知识产权、资本和产业之间的通道，促进知识产权灵活运用和创新成果转化。改造提升柳州现有的科技园、高新技术产业园、大学科技园、科技企业孵化器基地等知识产权公共服务平台，加强政策引导与制度规范，丰富平台功能，提升平台服务能力。

（二）加大财政税收的支持力度

1. 充分利用现有财政专项资金渠道

利用现有专项资金的引导带动作用，积极参与制造业强基重大工程、智能制造重大工程、绿色制造示范工程、中小企业公共服务平台体系建设工程，开展制造业重点领域科技研发和示范应用；充分利用科技计划专项基金，推

动制造业与互联网融合的关键共性技术的研发和产业化。

2. 加大对关键环节和重点领域的投入力度

为符合条件的企业实施设备智能化改造、“双创”平台建设运营和应用试点示范项目提供支持。一是重点支持打造“两个平台”，即构建基于互联网的大型制造企业“双创”平台和为中小企业服务的第三方“双创”服务平台，营造大中小企业协同共进的“双创”新生态。二是重点培育“三个模式”，即积极培育网络化协同制造、个性化定制、服务型制造等网络化生产新模式，增强制造企业创新活力和转型动力。三是支持应用试点示范。围绕若干应用基础好、前景广阔、示范带动作用强的项目开展试点示范，探索发展的新路径，增强制造业转型升级的新动能。

3. 创新风险补偿机制

落实国家有关使用首台（套）重大技术装备的鼓励政策，健全研制、使用单位在产品创新、增值服务和示范应用等环节的激励约束机制，通过保险补偿支付国产首台（套）重大技术装备示范应用等，推动制造业创新产品的研发和规模化应用。

4. 鼓励技术创新

一是设立科技型中小企业技术创新贷款贴息资金，用于贴补市科技型中小企业技术创新项目使用银行贷款所发生的利息支出。二是设立科技型中小企业专利质押融资贷款风险补偿资金，与金融机构合作，用于柳州市区域内拥有自主知识产权核心技术的科技型中小企业利用专利质押贷款的风险补偿。

5. 设立创业投资基金，引导社会资本参与

重点支持“互联网＋”创业创新，推动建立和完善以政府投入为引导、企业投入为主体、社会投入为重要来源的支撑智能制造和互联网平台建设、基于互联网的商业模式创新的多元化投融资体系；鼓励多元化社会投资投向

智能制造、数字化商业等领域，运用政府和社会资本合作模式，探索引导社会资本参与重大项目建设和企业技术改造的财政政策方式，实现各方利益的最大化；支持大型制造企业与互联网企业、系统集成企业、工业软件企业加强相互持股、收购兼并等资本层面的实质性合作，促进产业跨界融合。

6. 落实增值税优惠政策

进一步扩大制造企业增值税抵扣范围，落实增值税优惠政策，以降低税收的方式支持制造企业基于互联网独立开展或与互联网企业合资合作开展融合性新业务。

7. 落实研发费用加计扣除政策

在现有扩大允许纳入税前加计扣除的研究开发费用基础上，研究完善企业研发费用计核方法，加大研发费用加计扣除政策落实力度，进一步促进企业加大研发投入，减轻企业负担，推动创新。

（三）完善支持转型升级的金融政策

1. 优化金融组织体系，提升金融服务水平

按照银行与非银行业发展并重、引进全国性金融机构与壮大地方金融机构并举的双轮驱动工作思路，进一步优化金融组织体系，提升金融服务水平。一是打造良好的金融生态环境，积极主动引进国内外有实力的金融机构来柳开设分支机构，引导证券、保险、期货、信托、金融租赁公司、产业投资基金、私募投资基金等机构发展，构建全方位跨领域的相对完善的区域金融体系。二是支持 P2P 平台、众筹平台等互联网金融的发展，鼓励金融机构向互联网金融领域拓展转型，借助互联网、移动互联网等途径，使得传统的金融业务不断向透明度提高、中间成本降低、操作便利的方向发展。

2. 开展产融合作，支持金融服务创新

充分发挥商业银行、保险、信托等金融机构的作用，引导和支持柳工、

柳钢、上汽通用五菱等企业利用融资租赁方式，走产业资本与金融资本相融合的发展道路，使产业服务与金融服务更紧密地结合，推广大型设备、施工设备、运输工具、生产线等融资租赁服务，进行设备更新和技术改造；借助“一带一路”和中国—东盟自由贸易区发展的契机，大胆创新，鼓励企业采用融资租赁开拓国际市场，紧密联系产业需求，逐步发展跨境产业金融和租赁业务，积极开展租赁业务创新和制度创新。

鼓励银行金融机构创新适合于制造业发展的产品和服务，健全知识产权质押、供应链融资、贸易融资、股权质押等多元化融资服务，为制造企业提供银团贷款、拓展担保方式、增强贷款利率下调弹性等多种方式的政策扶持。

3. 扩宽融资渠道，探索信贷风险分担机制

一是提高直接融资比例，积极为企业和证券公司牵线搭桥，支持和鼓励符合条件的工业企业特别是新兴产业企业在多层次资本市场融资，发挥柳州企业在债券市场的融资优势，提高其在股票市场的融资能力。

二是充分发挥知识产权质押融资的积极作用，鼓励银行接受个人、企业或其他组织以注册商标专用权、专利权、著作权等知识产权中的财产权做质押，按照国家法律法规和相关信贷政策发放贷款或提供其他授信。

三是创新担保方式，积极探索多样化的信贷风险分担机制，构建政策性和商业性有机结合的制造企业信用担保体系，如设立制造业中小企业信用贷款保证金，每年从市中小企业发展资金中安排一定金额的资金作为保证金与金融机构合作，金融机构给予该资金 6 ~ 10 倍放大，对有项目、有市场、有效益但缺乏抵押担保物的成长性企业实行免抵押、免担保的信用贷款融资扶持；探索建立银行机构与担保机构根据各自风险控制能力合理确定风险分摊比例的协商机制等，形成安全有效的“保—贷—还”运行机制。如设立中小企业贷款风险补偿和奖励资金，鼓励金融机构贷款向中小企业倾斜，对金融

机构向中小企业贷款出现的风险按一定比例给予补偿，对增加中小企业贷款的金融机构按当年净增额给予一定的奖励。

（四）构建产学研用合作机制与平台

积极发挥产学研用联盟等中介组织的桥梁纽带作用，构建跨行业、跨领域的产学研用合作创新体系，依托产学研用联盟、行业协会、中介组织，围绕融合性关键技术研发、融合标准制定、公共服务平台建设，加快建立共享基础设施，完善产学研用协同创新机制、利益共享和激励机制，优化配置创新资源。

柳州率先开展先进制造业生产示范，按照“工业 4.0”的理念，支持工业领域新一代革命性技术的研发与创新，建立一个高度灵活的个性化和数字化的产品与服务的生产模式。大力引进和发展可实际推广、替代传统应用和形成市场力量的新技术，持续推进科技应用创新，积极构建健全和完善的科技创新体系。鼓励引导大企业建立技术开发机构，重点培育的大企业集团要建立技术开发中心，面向量大面广的中小企业和个私民营企业，积极主动进行技术创新中介服务的探索，形成中小企业技术支撑体系。

加快柳州产学研用合作机制和平台的建设，重点支持国家级、自治区级工程技术研究中心、千亿元产业重要研发中心等机构的建设和发展，重点加强柳工全球研发中心、国家工程机械检测中心、广西汽车零部件技术创新战略联盟服务平台、循环经济产业园区技术创新服务平台的建设，重点融入国家级微型汽车产业技术创新联盟、广西循环经济产业技术创新联盟、广西汽车零部件产业技术创新联盟、桑蚕产业技术创新战略联盟“四大联盟”建设。加强与区内外高校、科研院所联合开展技术研究、技术标准制定、市场信息调研、科技发展战略规划研究等，重点实施关键共性技术攻关，实现产学研用合作共赢。

（五）坚持“内培外引”，保障人才支撑

第一，“内培”。就是充分利用好柳州现有的高等、中等的教育资源，大力培养产业技术人才。一是调整专业设置，优化学科布局。面向制造业与互联网融合发展需求，支持鼓励广西科技大学等高校根据发展需要和学校能力设置“互联网+”等相关专业，鼓励各类学校聘请制造业与互联网融合发展所涉及领域的高层人才作为兼职，加强实践教学与应用，培育融合发展急需的高层次人才。二是建立产教融合、校企合作的人才培养模式。支持广西科技大学、鹿山学院、大型企业和产业园区依托各自的资源和平台，共同建设一批产学研用相结合的人才培训基地，推进融合发展的专业技术人才培训；建立企业技术中心与院校的对接机制，一方面鼓励企业选派工程技术人员为学校提供教学服务，另一方面支持高校派送学生到企业实习或兼职，鼓励教研人员为企业提供咨询、接收企业委托的科研任务。三是以柳州职教园为依托，大力发展职业教育。重点做好柳州铁道职业技术学院、柳州城市职业学院、柳州职业技术学院、柳州市一职校和二职校等高职高专中等学校的学生培养，为柳州汽车、机械和冶金三大支柱产业及其相关配套产业提供中端人才支撑。

第二，“外引”。即结合自身需要，大力引进创新创业、高端跨界人才。构建创新型、高端跨界人才的引进机制，深入实施柳州千人计划、创新人才推进计划等，政府搭建平台，组织带领柳州的企业到区内外招贤纳士，大力引进柳州“543”产业紧缺的高素质人才，聘请院士、长江学者等知名学者、教授做政府或大型企业的顾问，稳步开展引进高端创新创业人才的各项工作；强化人才激励机制，突出创新创业导向，以多种形式对为科技成果完成及科

技成果转移转化做出重要贡献的科技人员进行激励；营造适合发展人才培养的良好环境，破除约束人才发展的体制机制障碍，推进人才管理体制改革，增强柳州加快转型升级打造区域性先进制造业基地人才支撑。

参考文献

[1] Yusuf Y Y, Sarhadi M, Gunasekaran A. Agile Manufacturing: The Drivers, Concepts and Attributes [J]. International Journal of Production Economics, 1999, 62 (1-2): 33-43.

[2] Armbrust M, Fox A, Griffith R, et al. A View of Cloud Computing [J]. Communications of the ACM, 2000, 53 (04): 50-58.

[3] Zhang L, Luo Y L, Tao F, et al. Cloud Manufacturing: A New Manufacturing Paradigm [J]. Enterprise Information Systems, 2012, 8 (02): 167-187.

[4] Zhou Z D, Xie S Q, Chen D J. Fundamentals of Digital Manufacturing Science [M]. Maryland: Spring, 2011 (11): 337-363.

[5] Dornfeld D A. Green Manufacturing [M]. New York: Springer US, 2013.

[6] Baines T, Ligntfoot H, Peppard J. Towards an Operations Strategy for Product Centric Servitisation [J]. Int J Oper Prod Manage, 2009, 29 (05): 494-519.

[7] Veugelers R. Manufacturing Europe's Future [J]. Bruegel Blueprint

Ser, 2013 (21): 295 - 316.

[8] Ren G. Service Business Development in Manufacturing Companies: Classification, Characteristics and Implications [D]. Cambridge: University of Cambridge, 2009.

[9] Slepniov D. Servitization as Strategy for Survival: An Investigation of the Process in Danish Manufacturing Firms [C]. UK: In 15th Cambridge International Manufacturing Symposium, 2010.

[10] 胡迟. 制造业转型升级的最新评估：成效、问题与对策 [J]. 经济研究参考，2014 (15): 51 - 76.

[11] 杨树青，李良臣，张帆听，葛虹. 泉州制造业转型升级影响因素及策略研究 [J]. 科技管理研究，2014 (06): 126 - 132.

[12] 郭伟锋，王汉斌，李春鹏. 制造业转型升级的协同机理研究——以泉州制造业转型升级为例 [J]. 科技管理研究，2012 (23): 124 - 129.

[13] 孔伟杰. 制造业企业转型升级影响因素研究——基于浙江省制造业企业大样本问卷调查的实证研究 [J]. 管理世界，2012 (09): 120 - 131.

[14] 黄满盈，邓晓虹. 中国工程机械制造业转型升级影响因素研究——基于上市公司的经验证据 [J]. 改革与战略，2013 (04): 91 - 97.

[15] 徐常萍，吴敏洁. 环境规制对制造业产业结构升级的影响分析 [J]. 统计与决策，2012 (16): 101 - 102.

[16] 陈晓佳. 人口老龄化趋势下人力资本促进我国制造业转型升级研究 [D]. 长沙：湖南师范大学，2014.

[17] 秦月，秦可德，徐长乐. 长三角制造业转型升级的粘性机理及其实现路径——基于“微笑曲线”成因的视角 [J]. 地域研究与开发，2014 (05): 6 - 10.

［18］毛蕴诗，郑奇志．基于微笑曲线的企业升级路径选择模型——理论框架的构建与案例研究［J］．中山大学学报（社会科学版），2012（03）：162－174.

［19］隗斌贤．生产性服务业与制造业互动发展促进产业转型升级［J］．科技通报，2009（06）：866－871.

［20］谢平安等．金融支持柳州工业转型升级研究——基于 VAR 模型的实证分析［J］．区域金融研究，2016（07）：11－18.

［21］甘灿业．珠江—西江经济带发展战略背景下柳州加快打造先进制造业基地的探讨［J］．玉林师范学院学报（哲学社会科学版），2016（06）：47－51.

［22］国务院发展研究中心"激发创新主体的活力"课题组．美国制造业创新中心的运作模式与启示［J］．发展研究，2017（02）：4－7.

［23］崔日明，张婷玉．美国"再工业化"战略与中国制造业转型研究［J］．经济社会体制比较，2013（06）：21－30.

［24］杜传忠，杨志坤．德国工业4.0战略对中国制造业转型升级的借鉴［J］．经济与管理研究，2015（07）：82－87.

［25］黄阳华．德国"工业4.0"计划及其对我国产业创新的启示［J］．经济社会体制比较，2015（02）：1－10.

［26］郑春荣，望路．德国制造业转型升级的经验与启示［J］．学术前沿，2015（06）：40－48.

［27］李毅．"中国制造如何形成国际竞争优势"——日本产业创新的重要历史经验［J］．学术前沿，2015（06）：49－61.

［28］安同信，范跃进，张怀．山东制造业转型升级的路径研究——日本的经验［J］．东岳论丛，2012（06）：122－126.

［29］侯雁，谭冰等．两区一带视域下柳州产业发展与经济转型研究［M］．南宁：广西人民出版社，2015.

［30］杜鹃，王峰．互联网与制造业融合发展的态势及策略研究［J］．现代电信科技，2015（04）：5－11.

［31］杜国辉．层级组织的网络化变革研究：内部结构的网络化［J］．科技进步与对策，2005（07）：112－114.

［32］袁中华．我国新兴产业发展的制度创新研究［M］．成都：西南财经大学出版社，2013.

第二篇　柳州文旅融合促进文旅产业发展研究[①]

党的十九大报告指出我国经济已由高速增长阶段转向高质量发展阶段，实现高质量发展迫切需要新的经济增长点，而文旅融合将为经济增长提供新的增长极。文旅融合促进我国经济结构的优化升级，进一步激发消费潜力，培育新的消费热点，将带动文旅产业的发展。2018 年 4 月，中华人民共和国文化和旅游部的成立，标志着我国文旅融合进入了新的阶段，“诗和远方”走在了一起。文旅融合品牌建设是对新时代高质量发展的新探索，是新时代高质量发展的必然要求。广西壮族自治区党委书记、自治区人大常委会主任鹿心社在广西文化旅游发展大会上指出，发展文化旅游是顺应时代发展大势、推动经济高质量发展的战略选择，前景广阔，潜力巨大。作为广西文旅产业重镇，柳州文旅产业发展是贯彻落实党的十九大精神和全区经济高质量发展大会精神、扎实推动经济持续健康发展的必然要求，也是实现经济从“数量扩张”转向“质量提升”、从“要素驱动”转向“创新驱动”的必然要求。因此，柳州文旅产业发展问题的研究具有非常重要的实践价值。

① 李礼，广西科技大学经济与管理学院。

一、文旅产业融合的内涵

（一）文化旅游产业的内涵

旅游产业是以旅游活动为核心，为游客提供服务或产品的企业及行业的总称。文化产业是为社会公众提供文化服务或文化产品的文化单位、社会机构以及经济行业的集合。文化和旅游产业是将文化产业和旅游产业进行融合的新型现代产业，也是与经济高度融合的产业。目前学界对于文化旅游产业的内涵并无统一观点，张正兵和韩云（2015）认为文化旅游产业是基于文化因素和旅游因素在产业中实现互补互动，进而达到良性发展，以增加产业总效益指向融合而成的新型、综合性的产业形态。侯爽等（2019）将文化旅游产业定义为以文化旅游产品（服务）消费为核心的相关服务环节、行业及业态的总称。它是将旅游作为承载物，以文化为主要内容的一种产业，其目的是满足人们的文化旅游消费需要。以上观点从各个层面探讨了文化旅游产业的内涵，总体来说，行业、产品、创新、互补、融合等理念成为了文化旅游产业的核心。

（二）文旅产业融合的内涵

国内外对产业融合发展研究较早，形成了较为丰富的成果，关于产业融合的内涵主要有宽口径和窄口径之分。窄口径的产业融合是欧洲委员会绿皮书上界定的，它指出产业融合是“产业联盟和合作、技术网络平台和市场等三个角度的融合”。宽口径的产业融合是指“不同产业或同一产业不同行业相互渗透、相互交叉，最终融合为一体，逐步形成新产业的动态发展过程”。目前我国通常采用宽口径的产业融合。文化产业与旅游产业融合发展就是要打破文化与旅游产业（或企业）间的分工界限，逐渐取消文化与旅游产业间的壁垒，不断缩小两者的不同，使产业内容整体化，在旅游产品中充分体现文化资源价值，让旅游活动更多地承载精神物质文化资源，不断满足旅游消费者不断增长的精神文化需求。由于旅游产业与文化产业存在不同的类别，加之不同的地缘分布和发展状况，产业融合发展的模式不是一成不变的，当前文化旅游产业融合发展有三种模式。

1. 延伸型产业融合

这种产业融合模式适用于两大产业间的活动本身存在互补性，产业的价值链活动能够向另一产业进行拓展，从而能够在原有价值链上添加附加值，突破产业边界形成产业融合的情况。从方向性原则来识别，既存在文化产业向旅游产业延伸发展，也存在旅游产业向文化产业延伸发展。像影视基地、动漫基地这种文化产业园区就是旅游产业向文化产业延伸发展的典型。文化产业园区的主要目标是实现文化的传播和推广，在功能上实现对文化产品的开发、投产、交易等活动，同时，由于场地的开发和布景的需要，产业园区又同时存在旅游景点的性质，通过文化表演活动吸引游客前来参观旅游。这种由旅游产业向文化产业的延伸将产业链条延伸到极致，既提升了文化产业园区的经济价值，又能达到聚拢人气、实现文化产业向前发展的效果。

北京艺术区是延伸型产业融合的典型案例。该艺术区是由一个废弃的工业区转化而成。由于艺术家和文化机构的进驻，过去的厂房逐步发展成画廊、艺术中心、工作室、酒吧等建筑群，这种文化集群称为艺术聚落，设计家、艺术家等在工作室创造艺术作品的方式称为生活方式。这种文化产业、建筑空间结合当地历史文脉的表现方式使其演化为一个文化概念。购物人潮和观光客纷纷慕名而来，游客们能在艺术氛围中尽情感受文化旅游带来的新意。

2. 整合型产业融合

这种融合发展模式是将旅游产业和文化产业的价值链解体，然后将两者的核心环节进行重组，形成一条全新的价值链。常见的整合型产业融合包括以世博园、园博园为代表的会展活动和以国际旅游文化节、国际艺术节为代表的节庆活动。我国各省份每年都会举办形形色色的文化旅游节活动。比如，中国四川国家文化旅游节已经成功举办六届，游客可以现场观摩民间工艺的制作流程，观赏太极拳、民歌等文艺表演，参与互动游乐活动，感受浓厚的历史文化风情。这既展现了四川特有的山水风情、生态人文，又为文化与旅游的结合搭建起互动的平台，进而吸引更多的外来投资项目落地，促成更多的资金支持和人才聚集。

3. 渗透型产业融合

渗透型产业融合发展模式是选取旅游产业或文化产业的价值链环节中的某个环节，使之渗透到对方产业的价值链环节中，从而形成文化旅游产业或是旅游文化产业等新产业。根据渗透的方向性原则，这种融合发展模式既包含旅游产业向文化产业渗透发展模式，也包含文化产业向旅游产业渗透发展模式。网络动漫业与旅游业的结合就是渗透型产业融合发展模式的典型代表。浙江凯恩旅游集团与天畅网络科技公司的一次合作造就了该融合模式的典型案例。2006 年，天畅科技采用多媒体立体网游技术将旅游景点植入《大唐风云》网络游戏中，玩家在玩网络游戏的同时可体验虚拟景点带来的乐趣。这一尝试获得巨大成功，景点借助该游戏的传播渠道得到了更好的宣传和推广，使旅游产品更加具备市场吸引力。作为回报，天畅科技获得了凯恩集团提供的该景区万亩山林景区长达 70 年旅游开发 49% 的股权。而游戏本身也因为

真实景点的加入增添了观赏性和体验性，并借助景点的知名度为游戏获得了更广阔的市场。

综合以上三种融合发展模式的特点，从开发难度上看，因政府政策推进和资金门揽低等因素影响，延伸型产业融合发展模式最容易实现；受技术创新和资金需求的限制等因素影响，渗透型产业融合发展模式最难实现；而整合型产业融合发展模式的实现难度则介于两者之间。不同地区应当针对自身的历史文脉、经济发展现状、旅游发展状况、产业条件等来选择适宜发展的产业融合模式。

（三）旅游产业与文化产业融合发展的过程

按照产业边界理论，产业边界的收缩或者消失是为了适应新产业的形成。当旅游产业与文化产业融合时，市场开始逐步形成适宜旅游产业和文化产业走向融合的条件，比如创新技术的运用、消费者跨产业需求的出现、政府经济政策倾向等。在融合的进程中，一些企业借助技术创新，突破原有的产业边界，结合自身产业价值链上价值活动的优势，对渗透进入的新领域进行重组和整合，最后形成涵盖两大产业核心价值活动的新价值链，完成产业间融合发展的过程。按照产业边界的分类，产业的融合发展必然伴随技术边界、产品边界、企业边界和市场边界四个层次的模糊或消失。因此，在资金面支持、政策管制、消费者需求、技术变革等内、外动因的推动下，产业边界将在上述四个层面发生改变，产生不同性质的融合。

1. 技术融合

技术融合为产业融合提供了最基础的条件。不同产业间的技术具有不可替代性，这种技术性壁垒形成了产业间的技术边界。然而，技术创新的发生以及技术成果在产业之间的传播与扩散，使得同一产业的不同行业或者不同产业间的技术出现重叠或交叉，产业边界更加模糊甚至消失，最终不同产业间形成共同的技术基础。旅游产业与文化产业得以融合发展就依赖于两大产业各自开发、利用资源以及研发产品所需技术的结合。

2. 产品融合

融合型产品的出现是两个产业形成融合的标志。名胜古迹、文学戏剧、宗教礼仪等文化资源是旅游开发过程中的重要资源，也是文化产业与旅游产业融合发展的基础资源。对风土人情、民间技艺、历史古迹等传统文化资源进行整合再开发，不仅可以让这些文化资源得到保护和延续，同时还能创造出富有新意的文化旅游产品，吸引更多的游客，创造更多的经济价值。这些以文化元素和旅游元素相结合为基础的创意旅游文化产品标志着旅游产业与文化产业走向融合。

3. 企业融合

企业融合是产业融合产生和发展的载体，上述三个融合都需依靠企业层面来执行。一些企业的经营业务涵盖了旅游和文化产业的特点，比如有关广告页、动漫业、会展业、文物博物业的企业，它们将文化与旅游元素融合到同一个平台上管理与运用，实现了产业间的互动和交流，也促成了旅游产业和文化产业的融合。在此基础上，企业实现内部组织结构、管理体制、企业文化和经营范围的融合，从原来的纵向一体化向横向一体化、虚拟一体化、混合一体化等方向转变，使两大产业融合的整体结构得以形成和发展。

4. 市场融合

市场融合属于较高层次的融合现象，是在技术融合、产品融合、企业融合相继出现之后，旅游业市场和文化业市场出现交叉渗透后的融合。市场融合有多种表现，包括市场整合营销、资本运营、产业的市场化运作等。比如，市场整合营销方式的出现，将文化产业中的文化传播渠道和创新型传播方式

运用到旅游业中，使得旅游业的营销模式发生质的改变。同时，文化产品的消费方式和旅游产品的消费方式也相互影响，通过整合将两者统一在较高市场知名度的品牌下，提高产品的品牌市场占有率和市场竞争力。旅游产业和文化产业的市场融合成为推动产业融合发展的不竭动力。

二、柳州文旅产业发展的基础、挑战与机遇

（一）柳州文旅产业融合发展的基础

2019 年，广西文化和旅游系统深化体制改革，创新文旅融合发展机制，取得明显成效，出台了《关于加快文化旅游产业高质量发展的意见》的“1 +7”系列文件，使广西文化旅游发展形成新机制，开启了文化旅游强区建设新征程。柳州市坚持以习近平新时代中国特色社会主义思想，特别是习近平总书记在广西视察时的重要讲话精神为引领，紧紧围绕“实业兴市，开放强柳”战略和文化旅游名城建设目标，以文化旅游融合为契机，明确“宜融则融，能融尽融，以文促旅，以旅彰文”的工作思路，构建大文化大旅游融合发展新格局，切实推进柳州文化旅游产业大发展、大繁荣。具体表现在以下几个方面。

1. 柳州旅游产业发展基础

柳州是一座位于广西中北部的著名工业城市，它是“一带一路”倡议中我国内陆连接东盟的重要通道城市，也是一座我国西南地区出海大通道集散枢纽城市。柳州是广西最大的文旅产业基地，其文旅产业经济总量约占广西

的1/4。柳州旅游资源丰富，种类齐全。柳州奇石资源非常丰富，品种多不胜数，质地上佳，同时拥有典型的喀斯特地貌。“柳之山川甲天下”是对柳州的赞誉，“四野环山立，一水抱城流”是柳州山水的写照。作为“中国优秀旅游城市”，壮歌惊艳、瑶舞婀娜、苗节丰富、侗楼壮观，是柳州最吸引外地游客的资源。丰富的旅游资源和当地的文化特色直接推动旅游经济效益不断增长，目前柳州旅游市场不断壮大，2019 年柳州接待旅游总人数预计 6980. 76 万人次，同比增长 30. 2%；实现旅游总消费 819. 08 亿元，同比增长 35. 1%。在景区档次和旅游产品开发方面，柳州市 4A 级景区已由 23 家增至 31 家。

2. 柳州文化产业发展基础

柳州是国家历史文化名城，具有丰富的历史文化底蕴和人文旅游文化资源。第一，古人类文化。柳州是中国古人类文化中心之一，拥有距今大约 5 万年的柳江人遗址，距今 3 万至 7000 年的旧石器晚期至新石器早中期的白莲洞遗址等代表资源。第二，历史与特色文化。最具代表性的是以柳侯祠为代表的柳宗元文化旅游资源。此外珍藏了唐代韩愈撰文、苏东坡手书、颂扬柳宗元事迹的“三绝碑”，柳宗元书写的“龙城石刻”等珍贵文物资源。第三，奇石文化。以八桂奇石馆、中华奇石园为主的柳州奇石文化旅游资源。第四，少数民族文化。“壮族的歌、苗族的节、侗族的楼、瑶族的舞”风情四绝，成为柳州少数民族特色。自党的十六大以来，国家层面开始重视文化产业，出台了一系列政策推动其发展。柳州作为一座历史文化名城，肩负着“十三五”期间基本完成适应社会主义经济市场制度的重任。为了进一步加快文化产业发展，2018 年，柳州投入 3000 万元扶持 46 个项目，全年实现文化产业增加值 54 亿元，增长了 11. 2%。

3. 文化产业和旅游业融合发展基础

随着文旅产业融合快速发展，文化产业亟须输入创新能量，旅游产业探求新的发展模式。柳州应以此为推动全市经济发展的重要着力点，打造“文旅+”的产业新格局。柳州以文旅产业实力和宜居环境为依托，打造了少数民族风情，文旅产业旅游等多种国内外独特特色的旅游名片，拥有广西最大的旅游集散中心——广西桂中旅游集散中心、最大的城市旅游综合体——窑埠古镇、最强传统文化传承基地——文庙。具体来看，柳州已经形成了一批文旅产业融合的旅游景点，如卡乐星球主题乐园、克里湾水乐园、柳侯祠、白莲洞古人类遗址博物馆、螺蛳粉小镇、星光大道、柳空文化艺术创业园、文旅产业博物馆、艺术剧院等。同时，也陆续推出了诸多具有地方文化特色的旅游线路，如以环江滨水大道为首的百里柳江生态文化旅游线路，打造了整合柳州抗战纪念园综合博物馆、柳州市党史馆等为主的红色文化研学旅游产品。在会展以及节庆活动的市场推动作用之下，柳州也开始发展节庆等文旅产业融合发展项目，形成了不少具备文化内在的旅游产品，例如“2019 年柳州文博旅游艺术周”活动、柳州奇石节、“鱼峰歌圩”山歌邀请赛、穿越柳州·世界城市定向挑战赛等一系列“壮族三月”“紫荆花城醉美柳州”文旅活动、“柳州市水上狂欢节”等。此类节庆活动也给柳州文化产业和旅游产业融合带来了新的契机。2019 年，鹿寨县成功创建广西特色旅游名县，融水苗族自治县顺利通过广西特色旅游名县复核；融安鹭鹚洲、融水水融香等景点成功获评四星级乡村旅游区；三江侗族自治县八江镇布央村、融水四荣乡荣地村入选第一批全国乡村旅游重点村名录；“苗魅”“坐妹三江”等 5 个项目被评为 2019 广西特色旅游演艺项目。柳州文化资源物态表现如表 2-1 所示。

表 2-1　柳州市文化资源物态表现一览

文化资源类别	物态表现和主要代表
山水文化资源	三江鼓楼、城阳八寨景区、丹洲古城、石门仙湖、鱼峰公园、桂柳田园、窑埠古镇、百里柳江等

续表

文化资源类别	物态表现和主要代表
建筑文化资源	洛埠镇鸣凤街73－2号民居、洛埠镇鸣凤街74号民居、成团镇岩口屯古民居、成团镇金磊屯古民居、里雍镇河表屯孙家大院、环江村东流屯佘家祠堂、进德镇山前凌家古屋、进德镇土垢曾氏祠堂、柳江县人民文化宫、原柳州机械厂招待所、白沙大桥、文惠桥等
手工艺文化资源	柳州棺材（官财）手工艺品
宗教文化资源	道教、天主教、基督教、佛教
节日文化资源	三月三、柳州文博旅游艺术周、广西文化旅游大会
饮食文化资源	螺蛳粉、螺蛳鸭脚煲、酸笋炒螺、煮螺、炒螺蛳粉、干捞螺蛳粉、冰碴豆花、露水汤圆（榨菜鲜肉馅）、柳州酸、滤粉、三江侗族打油茶等
名人文化资源	柳宗元、杨廷理、张翀、徐启明、张任民等

（二）柳州文旅产业发展的现状

为了能够更好地了解和促进柳州文化旅游产业的发展，本次问卷随机抽取了部分群众进行调查填写。总共填写了202份，填写的问卷均为有效问卷。

据统计数据显示，本次被调查对象中男女占比分别为38.12%和61.88%。其中，大多数被调查对象的年龄居于18～40岁，只有极少数人年龄处于66岁以上，主要被调查群体为有工作能力的社会劳动人群。同时，在被调查者人群中，拥有本科学历的人居多，占据被调查者的半数之多，而后是硕士研究生和专科学历，分别占据被调查对象的25.74%和11.39%，最后是高中及以下学历，这也说明本次调查主要围绕本科以上的高知人群展开，符合本次文旅产业调查的主要受众人群，同时也提升了本调查结果的代表性。并且，在本次受调查人群中，大部分人月收入在3000～8000元，也说明大部分人具有在节假日出游的经济基础。

其中，在被问及假期旅游是否会选择柳州时，有69.31%的人会选择节

假日到柳州旅游，也有 30. 69% 的人表示不会选择柳州，这说明柳州的文旅吸引力还有待进一步的提升。问卷显示，只有 2. 97% 的人表示完全了解柳州市产业情况，另外 28. 22% 和 57. 43% 的人对柳州产业情况比较了解和了解一些，剩下的 11. 39% 则对柳州市产业完全不了解（见图 2 –1）。在对柳州文旅产业发展水平的问卷调查结果中，大部分的人认为柳州的产业水平属于中等水平，而有 21. 78% 的被调查对象认为柳州市文旅发展水平还处在较低水平（见图 2 –2）。同时，从图 2 –3 我们可以看出，在了解柳州文旅产业的途径上，通过网络平台宣传和身边朋友介绍从而了解到柳州文旅产业的居多，分别占全部调查对象的 68. 81% 和 57. 43%，因此，也说明文旅宣传的渠道可主要集中在新兴媒体传播平台上，并且同时也要注重加强柳州文旅景点的口碑打造，通过口口相传提升柳州文旅产业的吸引力，树立具有柳州特色的文化旅游品牌形象。

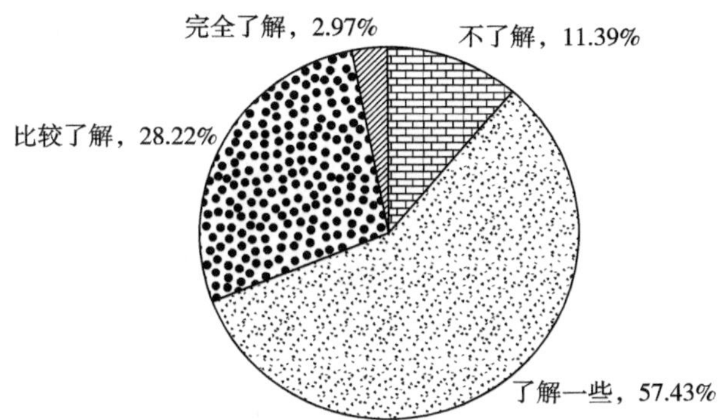

图 2 –1　对柳州市产业的具体了解情况的调查

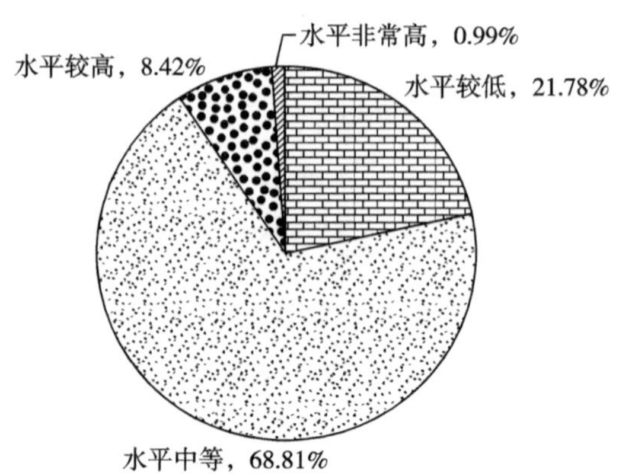

图 2-2　对柳州文旅产业发展所处水平的认知情况调查

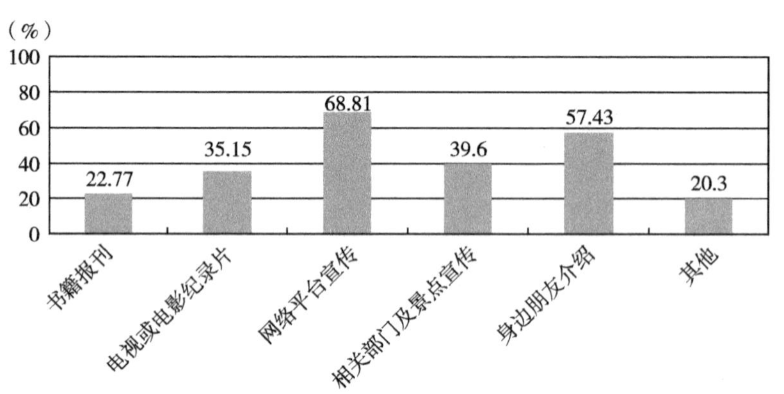

图 2-3　对柳州文旅产业了解途径的调查

在我们所给出的柳州各旅游景点中，人们最乐于参观的是龙潭公园、鱼峰公园和窑埠古镇，其游览人数分别占全部人数的 86.14%、75.74% 和 75.25%（见图 2-4），但是在考察景点的文旅因素时，大部分人认为三江鼓楼才是柳州市最具有代表性的文化旅游景点，其次才是龙潭公园（见图 2-5），这也从侧面说明了文化因素在目前还不是大部分游客选择游览目的地时最主要的决定因素。

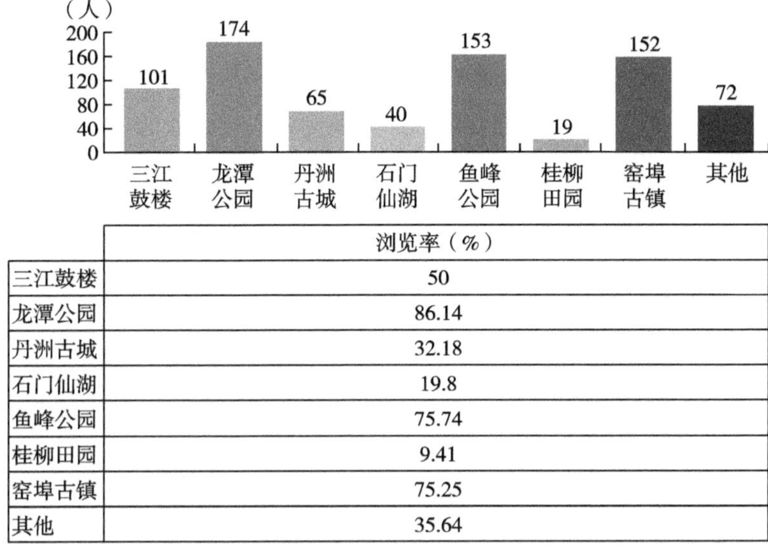

	浏览率（%）
三江鼓楼	50
龙潭公园	86.14
丹洲古城	32.18
石门仙湖	19.8
鱼峰公园	75.74
桂柳田园	9.41
窑埠古镇	75.25
其他	35.64

图 2－4　对主要旅游景点游览率的调查

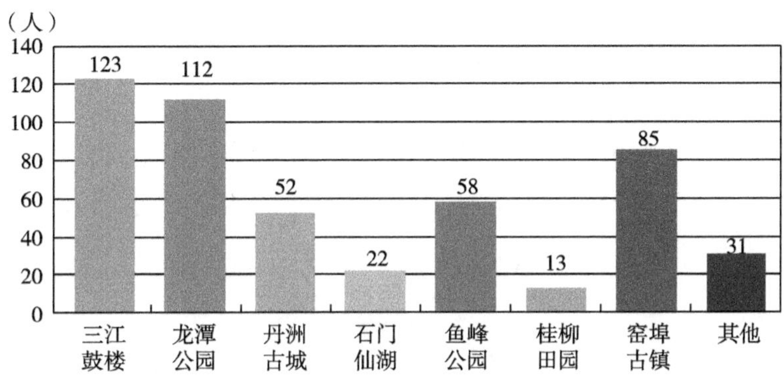

图 2－5　对主要旅游景点文旅代表性的调查

而在影响游客旅游活动开展的因素中，有 76.73% 的人会考虑到景区环境及风景，该因素是影响调查人群选择旅游地点与旅游项目的主要因素。而娱乐设施、特色餐饮、知名度、出行距离及方式、消费水平和服务水平也会影响的游客的选择，占比都在40%左右，比例较为均衡，尽管与景区环境及风景这一因素相比影响相对更小，但也是一些不容忽视的因素（见图2－6）。在文化氛围融入方式上，有41.09%的人会选择品尝并购买特色美食以更好地融入到柳州的文化氛围当中，也有相当一部分的人选择参观博物馆和古迹，同时，还有少数的人会选择观看文化戏曲表演或其他方式更好地融入当地文化（见图2－7）。

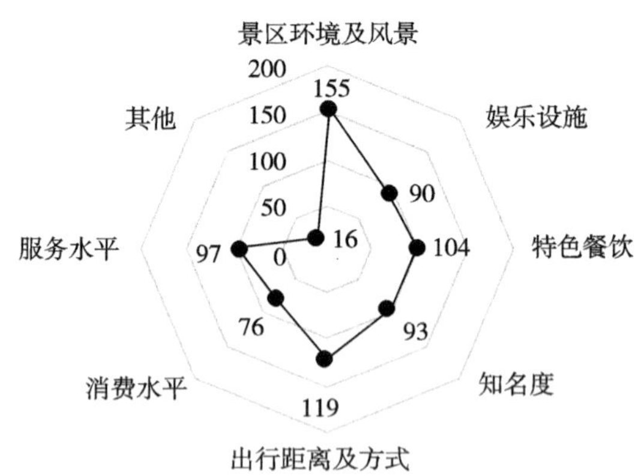

图2－6　对旅游活动开展的影响因素调查

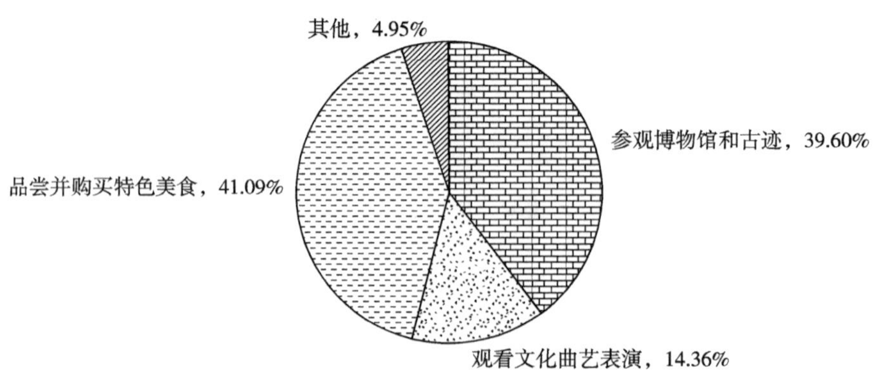

图2－7　游客融入柳州文化氛围方式调查

在柳州市文化旅游产业的发展过程中，有些方面也还有待加强，游客反映最多的是在景区特色方面需要进一步加强，反映旅游的场景不够真实，更像是人造的景点。同时，在旅游宣传方面柳州也还需要加强，柳州的旅游宣传力度不够，知名度不高。另外，其他因素的占比也不小，在文创产品方面也还有所欠缺，配套的文创产业也还需要进一步发力。如图 2－8 所示。

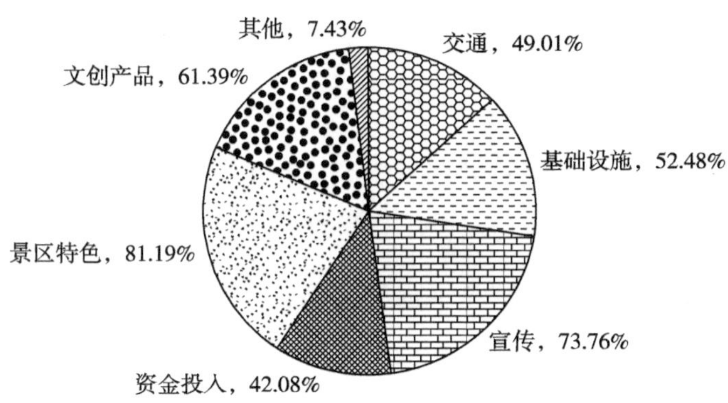

图 2－8　柳州文旅产业薄弱项调查

本次柳州文旅产业的体验满意度调查问卷中，在游客对柳州的满意度满分为五分的前提条件下，柳州文创产业最后得分为 3.27 分，成绩中等，因此，在接下来的产业发展与优化中，还需要进一步加强各方面的设施和服务，努力提升柳州市文创产业的专业化水平，并实现配套产业的发展与完善。

（三）柳州文旅产业发展的机遇

1. 文旅产业发展成为统一共识

城市竞争力是评价城市发展的一项重要指标。经济指标已不再是评价城市竞争力的唯一标准，文化、环境、科技、卫生等软性指标所占的比重越来越大。在城市竞争日益激烈的今天，柳州必须迅速提升城市综合竞争力，必须在加快经济发展的同时，寻找新的突破口提升城市软实力。实施文旅融合发展，是产业发展的需要，更是时代发展的需要。柳州不仅具有文旅融合发展的现实基础，而且具有巨大的发展潜力；不仅可以培育城市经济新动能，而且可以提升城市软实力。2018 年柳州三次产业结构比例为 6.3∶52.7∶41.0；2018 年柳州旅游总消费 606.22 亿元，增长 34.75%；投入 3000 万元扶持 46 个项目，实现文化产业增加值 54 亿元，这成为柳州经济的一大亮点。柳州市政府重视和支持旅游业的发展力度加强了，把发展新型文化旅游产业作为战略性支柱产业和产业转型的重要手段和主攻方向，推进文化旅游产业高质量发展，是柳州城市发展必须要迈过的坎，也是解决文旅产业发展不平衡、产业融合低、文旅产品特色不强等问题的关键所在，是保持柳州文旅产业经济健康可持续发展的必然要求。

2. 国民经济持续增长为柳州文化旅游发展提供有利的经济环境

中国经济未来 10 年预计将保持 7% 的稳健增长的态势，国民人均 GDP 也将大幅度提升，国人的基本生活需求总体上得到满足以后，消费结构将向发展型、享受型升级，旅游人口、出游率、旅游花费及结构正处在转型升级的拐点。从目前来看，旅游已经成为国民生活的必要内容之一，这些经济环境将呈现富裕居民出境游、城镇居民休闲游、农村居民观光游三足鼎立的局面，中国旅游业发展的经济环境是转型升级的强力支撑。

3. 区域合作与“西部大开发”重大战略不断深化

一是要搭上大湾区的“东风”，利用粤港澳旅游产业的优势，推动柳州旅游产业提质增效。粤港澳大湾区是全国极具潜力、极为活跃的经济区域，其溢出效应、辐射效应巨大，给毗邻的广西带来新的发展机遇。2019 年自治区党委、政府出台了《广西全面对接粤港澳大湾区建设总体规划（2018 –

2035 年)》。加强区域合作是旅游业可持续发展的趋势，在千载难逢的历史机遇下，柳州应积极主动对接粤港澳大旅游圈，推动旅游业加快发展。柳州可以引进技术、成熟模式、人才、创新等先进资源要素，助推柳州文旅产业发展。随着西部陆海新通道加快推进建设，健全完善互联互通设施、提升通关便利化水平，将交通通道建成物流通道、信息通道、产业通道，创新跨国、跨省产业合作新模式，为柳州文化旅游发展拓展新空间。

4. “一带一路”与东盟地区经济发展拉动消费升级

“十三五”期间，在“一带一路”引领下，沿线节点城市群是未来旅游业发展的关键区域。从市场宏观环境分析来看，在“一带一路”倡议指导下，“十三五”规划将采取多项措施，促进双向文化交流，促进全球统一大市场进一步发展，更进一步协调东西部经济平衡发展。2018 海上丝绸之路（北海）旅游产业发展投资大会在广西北海举行，会议明确广西壮族自治区是我国推进“一带一路”国际合作交汇对接的重要门户，由此为柳州的旅游业带来了重大契机。近年来，随着东盟国家经济发展水平、城镇化水平的不断提高，东盟各国对广西文化旅游产品保持着强劲的需求，为柳州文化旅游产业发展提供了绝佳的机遇。

（四）柳州文旅产业发展的挑战

1. 思想的广度和深度受限，未形成产业观和全局观

一是城市文化旅游产业链不完整，产业效益带动不明显，市内旅游收入主要还是以门票经济为主，人均消费受限，除了满足必要的吃、住、行、游要素外，购、娱等费钱项目建设后劲不足，没有形成专门且有柳州文化特色的旅游街区。二是创意思维不足，没有创意空间设计和创意产业延伸，文化旅游仅停留在“走马观花”式的传统观光游览中，没有生成必要的“意趣空

间”。三是已初步萌芽“全域旅游”的思想观念，但是离树立“全地域”“全要素”“全领域”“全服务”的大局观还有距离，柳州文化旅游呈现有大资源无大合作，有大形象无大印象，有大文化无大产业，有大环境无大服务的整体劣势格局。四是产业集中度不高，产业发展方式整体上较为粗放，新兴文化资源深入挖掘不够，高附加值行业发展还不成熟。目前，柳州具有最为突出优势资源的旅游产品集中在融水、融安、三江三地，其基础设施匮乏、缺少管理人才，协调开发有一定难度。

2. 融资渠道和宣传方式受限，未开拓市场和研发特色

随着文化旅游产业的深入融合，文化旅游市场竞争日益激烈，柳州文化吸引力逐渐减弱，旅游资源存在单一化问题，开发也不够深入，产品同质化较为严重，市场竞争力不强。柳州现有的文化旅游资源中，柳宗元文化和少数民族文化具有唯一性和代表性，但是现阶段的开发却处于初级水平，完全无法满足游客多样化、个性化的旅游需求，未研发出特色的旅游产品。主要是缺乏合理的投融资渠道和资金支持。目前柳州主要是靠政府投资，缺乏有影响力的旅游企业入驻，且产品投资回报周期较长，民间投资渠道较窄，政府引导民间投资作用发挥力度不够。由于经费投入不足，柳州市文化旅游的宣传推广力度不够，没有充分利用好凤凰河养生度假、刘三姐文化资源做大做强产品，未形成强有力的文化品牌。同时没能营造良好的文化氛围，深化游客旅游体验。因此需要进一步发展“金融 + 文旅”，扩大营销投入，增强营销建设。

3. 接待能力和配套设施受限，未构建现代智慧旅游服务体系

主要表现在部分景区缺乏完善的交通、购物和住宿设施，游客无消费渠道，综合旅游消费受限。根据笔者在携程、艺龙等 App 的查询结果显示，柳州市的高星级酒店主要集中在柳江边的柳州饭店和丽笙酒店，还有华美达酒

店，高星级酒店较少，难以满足追求高品质旅游客人的需求。民宿方面也主要集中在柳江周边，其他旅游区域民宿相对较少，功能有待完善。此外，柳州智慧旅游系统刚刚起步，旅游道路交通标识和景区景点解说宣传标识系统设施还需完善，景区内部的 Wi－Fi 覆盖、电子导览、二维码技术、重点区域的微信自助终端的应用不足，整体来看，尚未构建好完善的旅游接待设施和现代服务体系，需要改进和提升。

4. 文旅产业融合度不高，旅游产品缺乏竞争力

在市场需要和消费多样化的新趋势下，柳州文旅产业发展遇到了新挑战，旅游产品有待创新。目前，柳州大多数旅游产品已老化，产品缺乏创新，特色文化植入少，科技含量较低，更新升级速度缓慢，导致旅游产品低品位、少文化、低科技、无亮点，特色的项目及鲜明的主题缺乏。柳州文旅产业没有与吃、住、行、娱、购等行业实现深度联合，导致游客停留时间非常短暂（停留平均时间为 1 天），消费水平低。旅游经济质量和效益不高，文化旅游业的潜力没得到充分释放。虽然百里柳江、窑埠古镇、紫荆花节等新型旅游产品相继出现，但总体来看，大部分还是以传统观光型产品为主，缺乏大规模、高品质、标志性的景区（点），文化旅游产品在市场中的竞争力处于较低水平。

5. 旅游服务发展滞后，文化旅游人才匮乏

旅游服务行业具有很强的综合性和带动功能，它的发展带动着吃、住、行、游、购、娱等相关领域的快速发展。这几年柳州随着紫荆花节、水上狂欢节和文化旅游产业发展大会等大型活动的举行，酒店得到快速发展，但终究还是不能满足柳州文化旅游产业的需求，目前五星级酒店只有三家，四星级酒店也为数不多，且服务的质量也参差不齐，整体接待能力不高，导致大量游客不留宿，转入附近的桂林市和南宁市，对柳州市旅游经济发展造成极

大的损失。加上旅游配套设施不足，大大降低了游客在柳州市的消费力。

市场竞争归根到底是人才竞争，目前，柳州开设了旅游专业的高校寥寥无几，较具规模的仅有柳州职业技术学院、柳州城市职业技术学院和柳州铁道职业学院三所高职学校以及柳一职校、二职校等中专学校。柳州本科以上高学历的旅游人才出现空白，需要从外引进。

6. 文化旅游消费市场主体培育有待加强

柳州文化旅游市场主体主要是个体经营户、合作社、小微文化企业，集约化程度较低，缺乏有影响力的龙头文化企业引领发展。此外，比较依赖政策，文化旅游产品同质化现象比较严重，市场生存能力较低，有效的文化产业集聚和辐射带动效应无法形成。经营性文化单位的体制缺乏创新，文化事业单位的准入退出机制不灵活、主体认定资格不规范、市场管理不规范，旅游服场所的文创产品、文艺演出人员良莠不齐。这些问题极大影响了产业的高质量发展。

三、柳州旅游业与文化产业融合发展路径选择

（一）以“高质量发展”为目标，构建文旅产业融合新机制

加快文化产业与旅游产业管理体制的改革，实现深度融合高质量发展。加强文旅融合顶层设计，规划好方向和目标，积极推进资源、平台、工程、项目、活动等融合。柳州市应以“十四五”规划为契机，通过开展深入的调查研究，总结已有经验，结合新时代文旅产业融合特征和柳州文旅融合发展

的现状，科学制定文旅产业融合发展的政策和机制，挖掘地域资源，彰显柳州文化特色，从而全面推动文旅统筹规划、文旅融合规划创新，提供文化与旅游融合高质量发展的科学指导和规划依据。同时各级政府部门加强合作和沟通，既要注重强化规划的执行力和约束力，又要注重协调文化旅游景区、文化旅游管理部门和当地政府之间的利益关系，创新管理与经营模式。

建立长效协调机制，打造政策扶持的良好环境。考虑到辖区范围内文化和旅游产业的融合发展还存在一定的行业规制壁垒，在沟通与协调上存在不顺畅的问题，造成行政管理上职能发生重叠，办事效率下降，所以当地政府要积极建立协调文化产业与旅游产业发展的长效机制，为融合发展搭建良好的政策环境。对于政府指导文件中强调的要重点扶持的文化娱乐演艺、文博业、会展节庆业等领域，在政策层面上应给予高度重视，并促成旅游业与这些文化产业的结合与互动；在条件允许的情况下，考虑成立协调文化产业与旅游产业融合发展的行政部门，统筹指挥整体产业融合规划工作，从战略高度将与文化和旅游相关的行政单位和机构纳入管辖范围，加强指导方针部署和落实工作；对于重点培育企业、项目及开发的产品，政府应通过税收优惠政策、财政补贴、贷款优惠政策等方式给予扶持，让更多的企业借助政府平台和资源形成产业发展集群。

（二）以“全域旅游”为视角，构建大文化大旅游融合发展新格局

政府对旅游产业的支持力度以及制定的相关旅游产业政策，是影响旅游产业发展的重要因素。近年来，广西壮族自治区政府出台了《广西壮族自治区旅游业发展“十三五”规划》等政策文件，柳州市政府也出台了相关政策文件，旅游产业地位有所提高，但其国民经济的战略性支柱产业地位没有得到真正的确立，柳州市政府应继续加大对旅游产业发展的主导力度，强化顶

层设计，优化旅游产业发展的投资、税收、土地等政策环境，完善旅游财政投入体制机制，确立与其国民经济战略性支柱产业相匹配的产业地位。柳州旅游产业发展取得了长足的进步，但与其他城市旅游产业差距较大，产业发展不均衡问题较为显著。应加大对旅游产业发展较为滞后城市的政策和资源倾斜力度，缩小地区间的发展差距；探索近邻合作发展模式，充分发挥旅游强市的帮扶带动作用，强化近邻城市产业合作力度，实现旅游产业区域协同发展；坚持一体化发展原则，从全市旅游产业发展的高度出发，对全市旅游资源、交通体系、旅游品牌以及相关产业进行科学规划和合理布局，打破区域间旅游产业发展壁垒，加强地区间的产业合作，推动全区全域旅游的发展。

柳州正处于经济结构调整、产业转型升级和消费能级提升的“换挡期”，通过由“景点旅游”向“全域旅游”发展模式转变，以旅游业带动、促进区域经济社会协调发展是柳州文旅产业发展的主要思路。一是坚持发展旅游供给侧结构性改革，以此为发展主线，鼓励发展国有、集体、个体、外资等多种经济主体，积极参与全域旅游产品研发和生产，推动企业加速延伸产业链、提升价值链。二是坚持全域旅游发展方式，以“互联网+”为背景，实施“文旅+”发展战略，深挖本土文化旅游资源潜能，突破文化旅游产业发展“瓶颈”，推动文旅及相关产业融合高质量创新发展。大力推进和完善特色小镇和美丽乡村建设，推动传统技艺、表演艺术等门类非遗项目进重点旅游景区、旅游度假区。以红色旅游、旅游演艺、文化遗产旅游、主题公园、文化主题酒店等为载体，促进已有融合发展业态高质量融合，提升产业升级。三是坚持“宜融则融，能融尽融，以文促旅，以旅彰文”的工作思路，从“行、游、住、食、购、娱”传统旅游“六位一体”向“文、深、慢、漫、精、境”全域旅游“六位一体”进行深度和广度融合发展，最终实现柳州市“旅游空间全域化、旅游产业全域化、旅游产品全域化、旅游服务全域化”

的大文化、大旅游融合发展新格局。

（三）以“互联网+文旅”为主线，构建共建共享的现代智慧旅游服务新体系

一要提高文化旅游产品科技水平。积极运用数字、网络等高新技术，创新文旅产品生产与传播模式，通过虚拟现实、智能机器人、场景再现等高新技术，开发适应年轻旅游群体爱好的实景模拟、沉浸体验、数字博物馆等新建旅游体验类产品。利用科技手段对于现有传统景区进行改造升级，增加景区观赏体验性。建设数字导览、网络讲解、网络售票等服务项目，满足游客需要，提高服务水平。

二要依托网红产品，创新文化旅游品牌。柳州市应树立文旅融合创新发展的品牌意识，充分发挥文旅融合创新对高质量发展的驱动作用。以地域历史文化特色为基础，充分借助“互联网+”“大数据”等现代信息技术，依据市场需求开发精品旅游产品体系，着力打造柳州旅游品牌，利用“网红”热度，打造“网红”城市，全面提升柳州旅游业竞争力。继续做好“风情柳州”文化品牌建设，整合文化资源，统一品牌形象，努力推进柳州旅游业健康可持续发展。

三要运用新兴媒体、大数据和创意策划创新宣传方式。对于一个拥有丰富文化旅游资源的城市而言，政府应该在完成文化旅游产业升级发展的规划和布局以及基本配套设施建设投入之后，努力加强文化旅游产品宣传的创新，充分利用各种渠道开展旅游形象宣传，搭建宣传营销平台。利用大数据平台，打造“柳州市文化旅游”App和“智慧旅游云”专区，快速及时传递文化旅游信息，引导文化旅游企业围绕旅游景区、度假区、旅游目的地创作影视、动漫、图书、演出等文艺作品，实现文化与旅游相得益彰的效果。

四要建立智慧文旅新业态。在疫情防控常态化背景下，实名制、预约限额、人脸识别、智慧交通诱导系统等数字化、智能化安心游措施成为文旅消费新风尚。一是要树立全行业数字化思维，推动文旅产业向数字化转型，加强数字技术赋能公共服务与行业监管，满足数字时代游客新体验、新要求。二是要加快推进智慧文旅平台建设，统筹协调旅游大数据平台、服务平台和综合监管平台“三位一体”数据交换和共享，加快实现“一部手机游柳州”的便捷式、交互式文旅体验。三是要创新主体互动，通过虚拟现实、社交网络、云计算、5G 等数字化体验服务、互动服务，实现文旅产业高品质有效供给。

（四）加强以“旅游业 + 文化产业”为主导的产业融合，推动跨产业、领域融合

1. 文化旅游与教育文化相融合

柳州应紧抓“文旅 + 教育”融合，创新研学旅行产品。柳州的历史文化和生态资源为发展研学旅行提供了得天独厚的基础。应当以柳州历史文化、红色文化、生态文化等资源为依托，在内容设计、体验参与、教师配备、安全防护等方面，结合不同年龄段学生特点，由教育和文旅部门牵头设计一批育人效果突出的研学旅行活动课程，建设一批具有良好示范带动作用的研学旅行基地，打造一批具有影响力的研学旅行精品线路。建设研学旅行示范基地，大力发展文化遗址资源；充分开发和利用自然山水资源，建设生态保护研学旅行示范基地；宣传和传播红色文化，建设爱国主义研学旅行示范基地；以乡村休闲为载体，创新多样化旅游扶贫模式，打造现代农业研学旅行示范基地。最终将柳州建设成为广西区级研学旅行示范基地。

2. 文化旅游与农业相融合

柳州应紧抓“文旅 + 农业”产业融合，创新乡村旅游产品。将发展文旅产业与脱贫攻坚、实现乡村振兴紧密结合。依托旅游景区、旅游名镇名村、特色农业园区，打造田园综合体、休闲农庄和果园花园，提高农业综合效益。深入挖掘农村文化资源，发展以生态体验、休闲度假为主题的乡村民宿、美食、购物等特色产品。加大财政资金对于乡村旅游项目、民宿建设的支持引导力度，通过“十佳民宿”“特色旅游名镇名村”“最美田园”等评选活动，推出一批环境优、品质高、服务好、特色足的乡村旅游产品，树立发展典范。实施农民服务技能提升工程，通过职业教育、技能培训、现场教学、专家论坛等多种手段，提高乡村旅游经营服务质量。通过区域联动、整合发展、品牌打造，围绕“都市柳江、百里风情、乡村民俗”这一发展理念，着力构建柳州市都市休闲、风情休闲和乡村休闲三大旅游产品体系，提升柳州旅游发展竞争力。

3. 文化旅游与文旅产业相融合

柳州应大力推动“文旅+文旅产业”产业融合，开发和发展富有文化内涵的旅游产品。依托柳州市文旅产业优势，发展文旅产业旅游产品，壮大“文旅+文旅产业”融合产业规模。进一步加大对于废旧厂房的改造力度，建设都市休闲文旅产业聚集区。依托废旧厂房建设博物馆、酒吧、咖啡馆、文创店铺，打造城市流行文化聚集地。引导和支持有条件的企业发展文旅产业，重点支持螺蛳粉小镇和汽车制造等企业建设企业展览馆、游客体验区等旅游项目，在扩大企业知名度的同时增加旅游收入。

4. 文化旅游与科技相融合

柳州应紧抓“文旅+科技”产业融合，提高旅游产品科技水平。积极运用数字、网络等高新技术，创新文旅产品生产与传播模式，通过虚拟现实、智能机器人、场景再现等高新技术，开发适应年轻旅游群体爱好的实景模拟、沉浸体验、数字博物馆等新兴旅游体验类产品。除了增加新建景区数量外，还应利用科技手段对于现有传统景区进行改造升级，增加景区观赏体验性。建设数字导览、网络讲解、网络售票等服务项目，满足游客需要，提高服务水平。

5. 文化旅游与民族节庆、体育赛事相融合

柳州应依托“三月三”“水上狂欢节”“紫荆花”等品牌节庆活动，扩大和提升旅游规模、丰富活动内容，融入民族、宗教等元素，加强在区内外的宣传力度，实现活动内容引人入胜、赛事独特新奇、文化旅游消费产品层次丰富，架设节庆、赛事文化与旅游产业之间的发展桥梁。充分发挥节庆、赛事的品牌和拉动效应，融合体育场馆与旅游体验功能，开发丰富多彩的品牌体育产品。不断提升现有城市体育旅游产品质量，做好马拉松、F1 摩托艇、自行车比赛等体育赛事活动。鼓励发展山地越野、山地自行车、森林探险、户外露营、漂流、独木舟、皮划艇等山地河湖运动旅游项目，以建设城市绿道、骑行公园、极限运动基地、汽车越野赛场、水上运动基地等为重点，加强体育赛事策划和赛事基地建设。

6. 文化旅游与康养相融合

柳州应紧抓“文旅 + 康养”产业融合，发展康养文旅产品。以市场需求为导向，在生态环境良好的区域，大力发展文旅康养产业，建设生态休闲康养社区、温泉康养社区、康养旅游区等项目。加强康养文旅产品研究，围绕康养产业特点，做好医疗、养生、运动、康复等配套服务设施规划和建设，提升康养服务水平。建立健全旅游康养服务机构，提高旅游服务、休闲体育、健康养老的服务产值，增加康养产业的附加值，打造休闲、医疗、生态宜居产业园。扩大养老、康复产业，整合社区现有医疗资源，在社区医疗和康复中引入智慧健康技术和服务理念，实现医疗康复、养老护理人群全覆盖。

7. 文化旅游与水利相融合

柳州应紧抓“文旅 + 水利”产业融合，发展水上文旅产品。以柳江为依

托，优化“以旅游为中心”的水利资源配置，开发水文化休闲旅游，加快国家水利景区建设，以文旅产业建设促进水资源保护，以水质改善促进文旅产业可持续发展。完善水利治理平台，打造“水景观、水生态、水文化”体系，开展柳州两岸生态性、亲水性等专项整治工作，优化水利旅游发展环境，积极创建“文旅＋水利”融合示范点。以“百里柳江”为依托，加快环江景观带、柳江百里长廊绕城环山水系建设，打造柳州循环水系体系，形成“城在水中、依水而居；依山傍水、城出平江”的城市格局，打造生态良好、舒适宜人的城市环境。

（五）打造高层次文化旅游人才队伍

高层次人才是推进文化旅游产业健康可持续发展的强力保障。一是实施“文化旅游人才开发”战略，在摸清区域文化旅游人才资源家底基础上，详细编制人才中期发展规划，培养和引进产业领域急需的高精尖管理人才和专业技术人才，基于文旅重大项目建设柔性引进国内外文旅行业领军人才。二是强化文化旅游类院校建设，大力支持文旅融合基础理论和应用研究，坚持市场导向构建学科专业体系，优化政府、高校、企业及协会“四位一体”协同培养人才模式，建立优质文化旅游人才教育培训基地，加大各类文旅人才培训力度，建立健全文旅人才激励机制。三是重视文化旅游导游队伍建设，提升导游职业技能。基于年龄、职称、性别、语言结构，结合柳州市地域狭长、民族人口多的现实，不断优化导游的民族和地域结构，培养一大批民族地区优秀导游人才。加快推进导游薪酬制度与社会保险制度改革，构建职级、服务质量和薪酬相对等的有效激励机制。四是政府部门可以以文化旅游产品推介会、文化旅游交流会为平台，邀请国内外知名的专家学者到柳州进行深入交流指导，汲取国内外先进经验，结合柳州的实际情况，对柳州文旅产业的融合高质量发展提出切实可行的发展策略。

（六）加大对文化旅游产业主体的培养和扶持力度

为了更好地提升产业融合发展，政府部门应大力鼓励中小微文化企业发展特色文化主题宾馆、摄影、微电影、微视频、动漫、影视、网络文学出版等新型文化业态。加大对产业主体的培养和扶持力度，制定相关激励政策，创造出生态文化的文创产品。依托生态保护区、森林公园内丰富的动植物资源，激励文化创意从业者把保护的对象变成对外宣传的地区文化品牌符号，以项目为建设对中小微文化企业资金、政策等方面予以大力扶持。

（七）推进文旅与金融合作，助力文旅产业高质量发展

在政府大力推动文旅产业发展的同时，文旅产业发展过程中相关企业出现了抵押与担保不足、文化产品收益难以预见、金融机构授信门槛较高等问题，面临“融资难、融资贵”的困境。为了激活文旅产业良好健康快速发展，防止文旅产业企业资金链断裂，柳州应该积极创造条件推进企业资产重组、融资，通过上市、发行股票债券等形式促进文化旅游企业集团的成立，以收购、参股等方式整合和吸纳县、区一级的企业和社会人员参与投资，增加社会资本比例，提升旅游发展后劲。

推进文旅与金融合作，创新融资渠道，加强政府有效引导，充分发挥文化金融服务中的市场主导作用。柳州市政府可以通过组建文化产业基金、推动文化企业上市、成立文创小贷公司等方式来解决文旅企业融资难和贵的问题。

四、柳州文旅产业高质量发展的保障措施

（一）加强组织领导

从山东省及桂林市文旅产业发展经验来看，“一把手抓文旅产业”是个很好的经验。山东省明确各级党政一把手亲自抓文旅产业，创造出文旅产业经济增速在全国的排位稳定保持在前列的佳绩；桂林市的市委书记和市长亲自抓文旅产业发展，创造了“桂林国际旅游城市”品牌，打造出广西第一旅游品牌。因此，柳州市也应高度重视文旅产业，组成由市委书记、市长担任组长，分管副市长任副组长的文旅产业高质量发展领导小组，统筹协调文旅产业高质量发展工作，把更多懂文旅产业、爱文旅产业、本领强、作风硬、能吃苦、能奉献的优秀干部安排到项目第一线，充实到各级党政领导班子和文旅产业部门。

（二）加大对外开放合作力度

柳州文旅产业高质量发展，需要旧动能的转型升级和新动能的培育发展，这些都离不开对外开放合作。在探索文化产业与旅游产业融合的道路上，柳州要积极推进与其他省份或国家间的合作。目前，自治区提出了“南向、北联、东融、西合”全方位开放总体布局，柳州应积极响应自治区的部署和安排，充分利用市场和资源，大力提升柳州文旅产业经济发展的外向度。具体建议如下：一是拓展柳州优势产业合作的新空间。柳州应坚决贯彻落实自治区党委、政府“三企入桂”工作部署，围绕“强龙头、补链条、聚集群、抓创新、创品牌、拓市场”工作指导方针，大力推动中国—东盟（柳州）旅游商品与装备制造产业园区建设，把广西文化旅游发展格局拓展为“三地两带一中心一基地”。加强与相邻省份如湖南、云南、贵州和广东的合作，联合举办旅游文化节等，推动区域间产业融合。给予邻国游客入柳旅游优惠，推动两者融合发展。积极与东南亚、南亚等国家合作交流，推进国际区域文化旅游合作与国际旅游圈建设，开拓并发展国际文化旅游市场。二是加强文旅产业招商引资。为激发和支持投资企业来柳更好发展，柳州应努力营造审批最少、流程最优、体制最顺、机制最活、效率最高、服务最好的“六最”营商环境；大力创优政策环境，出台鼓励投资政策，可以从招商引资、土地环保、财政奖补、税收优惠、无审批管理以及旅游扶贫等方面出台相关支持扶持旅游发展的政策，从而引进省外实力文旅资本、促进文旅资源整合开发。同时积极对接京津冀、长三角、粤港澳及国外优势资源，不但可以进行国内引资，还可以面向国际招商，加大外资引进力度，将现有的文化旅游企业做大做强。重点引进文化体验类和为文化体验提供配套的文创、民宿等中高端、有影响力的业态项目，推动产业向价值链高端攀升。

（三）加强创新引领

据调研，当前柳州主要还是倚重传统产业，新兴产业培育较慢的主要原因在于创新资源匮乏，创新作为文旅产业高质量发展的第一动力，加大创新力度对于柳州文旅产业高质量发展极其重要。

第一，加强科技创新。以柳州工业产品体系为基础，完善以旅游商品与装备制造为引领的产业体系，推动旅游商品与装备制造业与相关行业融合发展，提升旅游商品与装备的科技含量和智能化水平，不断满足人民群众多样化、个性化、高品位的旅游需求。推进共建区域性公共技术服务平台，柳州文旅产业园区加快牵头组织建立企业技术联盟平台并给予适当资金支持，推动整体技术水平提升，力争在智慧旅游、文创产品、特色小镇等领域取得重大突破。加快推动柳州与国内国际重点高校建立孵化基地，推动与广西大学、广西科技大学、桂林旅游学院等高校签订产学研协议，进一步加强科学技术孵化与技术成果转化。

第二，加强制度创新。建立统一协调、高效的产业融合机制，将相关文化与旅游主管部门、企业及机构纳入到工作机制范畴内，以政策和市场为抓手，认真做好文旅产业融合工作，实现文旅产业有效融合，高质量发展。建立合作协调机制，加强各经济主体之间的沟通交流，确保信息畅通，实现文旅产业的深度融合。

第三，加强政策创新。通过研究出台有利于柳州文旅产业融合发展的政策引导来创造有利的环境。此外，要明确文旅产业融合发展的方向及路径，切实落实相关政策的实施力度，建立健全监督机制，实现政策创新。

参考文献

[1] 邓莹璐．桂林旅游产业与文化产业的融合发展研究［D］．桂林：广西师范大学，2014.

[2] 厉无畏．创意旅游：文旅共赢的创新发展模式［J］．上海经济，2015（08）：8－11.

[3] 徐金海，王俊．“互联网＋”时代的旅游产业融合研究［J］．财经

问题研究，2016（03）：125－131.

［4］张正兵，韩云．产业融合视角下文化旅游产业的概念解读［J］．苏州科技学院学报（社会科学版），2015，32（06）：59－64.

［5］侯爽，刘爱利，黄鸿．中国文化旅游产业的发展趋势探讨［J］．首都师范大学学报（自然科学版），2019，40（04）：58－66.

［6］刘佳，赵金金，张广海．中国旅游产业集聚与旅游经济增长关系的空间计量分析［J］．经济地理，2013（04）：186－192.

［7］刘祥恒．旅游产业融合机制与融合度研究［D］．昆明：云南大学，2016.

［8］史玉丁，李建军．乡村旅游多功能发展与农村可持续生计协同研究［J］．旅游学刊，2018（02）：15－24.

［9］郭朝先．当前中国工业发展问题与未来高质量发展对策［J］．北京工业大学学报（社会科学版），2019（02）：50－59.

［10］吴鹤．民间资本投资文化产业金融体系构建［J］．税务与经济，2018（03）：37－41.

［11］陈夏．南平市政府推动文化产业与旅游产业融合发展研究［D］．福州：福建农林大学，2017.

［12］张文菊．产业融合视角下的西南地区养生养老旅游发展战略研究——以广西桂林为例［J］．南宁职业技术学院学报，2015（03）：97－100.

［13］樊信友，蒲勇健．产业融合视角下的工业旅游发展研究［J］．商业研究，2015（03）：181－186.

［14］杨春宇．文化旅游产业创新系统理论研究——多理论视角下的研究进程、评述及展望［D］．贵阳：贵州财经大学，2018.

［15］尹华光，姚云贵，熊隆友．旅游产业与文化产业融合发展研究［M］．北京：中国书籍出版社，2017.

［16］蒋莉莉．文化产业融合发展路径研究［M］．上海：东方出版中心，2016.

［17］孟茂倩．文化产业与旅游产业融合发展探析［J］．经济理论与实践，2017（11）：37－40.

［18］李萍．促进文化与旅游融合发展的路径探析［J］．人文天下，2016（04）：20－23.

［19］黄爱莲，温宇．从工业城市到文化城市：柳州旅游创新发展研究［J］．改革与战略，2013（12）：96－99.

［20］时高磊．济南市文化产业与旅游产业融合发展研究［J］．文化经济，2019（01）：71－74.

［21］曾毓琳．柳州影视文化旅游产业发展的思考［J］．经济与社会发展，2017（06）：73－77.

［22］鲁明月．产业融合背景下的文化旅游产业发展研究［D］．武汉：中南民族大学，2013.

［23］Sun Jiuxia, Liu Xiangjun. The Impact of Livelihood Ways on the Natural Environment of Ethnic Tourist Villages［J］. Journal of Guangxi University for Nationalities: Philosophy and Social Science Edition, 2015（03）：78－85.

［24］喻玲，王志刚．旅游目的地文化产业与旅游产业深度融合发展研究：以四川省宜宾市为例［J］．旅游纵览，2014（02）：95－96.

附　录

柳州市文旅产业发展状况调查问卷

1. 您的性别（　）

A. 男　　B. 女

2. 您的年龄（　）

A. 17 岁及以下　　B. 18～40 岁　　C. 41～65 岁　　D. 66 岁及以上

3. 您的学历（　）

A. 高中及以下　　B. 大学专科

C. 大学本科　　D. 硕士研究生及以上

4. 您的月收入（　）

A. 1000 元以下　　B. 1001～3000 元

C. 3001～5000 元　　D. 5001～8000 元

E. 8001～10000 元　　F. 10001 元以上

5. 假期旅游您会选择柳州吗？（　）

A. 是　　B. 否

6. 您对柳州市文旅产业的了解情况？（　）

A. 不了解　　B. 了解一些　　C. 比较了解　　D. 完全了解

7. 您认为柳州市文旅产业处于什么发展水平？（　）

A. 水平较低　　B. 水平中等　　C. 水平较高　　D. 水平非常高

8. 您是通过哪些途径了解柳州市文旅产业的？（　）

A. 书籍报刊　　B. 电视或电影纪录片

C. 网络平台宣传（如微信公众号、新浪微博、知乎、今日头条等）

D. 相关部门及景点宣传（如宣讲会、宣传展板、文艺演出等）

E. 身边朋友介绍　　F. 其他

9. 您所去过的柳州景点有？（　）

A. 三江鼓楼　　B. 龙潭公园　　C. 丹洲古城　　D. 石门仙湖

E. 鱼峰公园　　F. 桂柳田园　　G. 窑埠古镇　　H. 其他

10. 您认为柳州最具有代表性的文化旅游景点是？（　）

A. 三江鼓楼　　B. 龙潭公园　　C. 丹洲古城　　D. 石门仙湖

E. 鱼峰公园　　F. 桂柳田园　　G. 窑埠古镇　　H. 其他

11. 影响您进行旅游活动的因素有哪些？（　）

A. 景区环境及风景　　B. 娱乐设施

C. 特色餐饮　　D. 知名度

E. 出行距离及方式　　F. 消费水平

G. 服务水平　　H. 其他

12. 您认为哪一种方式能使您更好地融入到柳州市的文化氛围当中？（　）

A. 参观博物馆和古迹　　B. 观看文化曲艺表演

C. 品尝并购买特色美食　　D. 其他

13. 您与您的家人平均每人每年在文化旅游方面消费为多少？

A. 100元及以下　B. 101~500元　C. 501~1000元　D. 1001~2000元

E. 2001元及以上

14. 您会关心柳州市文旅产业发展情况吗？（　）

A. 不会　　　B. 偶尔会　　　C. 经常会

15. 您认为柳州市在文旅发展过程中还有哪些方面需要加强？（　）

A. 交通　　　B. 基础设施　　　C. 宣传　　　D. 资金投入

E. 景区特色　　　F. 文创产品　　　G. 其他

16. 您觉得柳州市的文化旅游存在什么问题？（　）

A. 宣传力度小，知名度不高

B. 场景不够真实，像是人造景点

C. 文化产品少，品质不够高

D. 管理不够规范，基础设施和环境差

E. 其他（请写出您的问题）__________

17. 对柳州结合文化发展旅游您有什么好的建议？（　）

A. 加大对柳州的宣传力度

B. 保护柳州环境，对环境进行保护和重建

C. 结合柳州的文化内涵对景点进行开发

D. 推广螺蛳粉等特色代表文化产品

E. 举办更多特色节庆活动，让游客能参与其中

F. 其他（请写出您的建议）__________

18. 柳州市文旅产业游客满意度调查量表

①对文化主题的满意度？

②对文化活动内容的满意度？

③对文化活动参与的满意度？

④对活动价格的满意度？

⑤对活动项目的满意度？

⑥对自然环境的满意度？

⑦对人文环境的满意度？

⑧对景区设施的满意度？

⑨对交通、餐饮、购物、服务的满意度？

⑩对收获知识、提升自我以及放松心情的满意度？

满意度 / 题号	非常不满意	比较不满意	满意	比较满意	非常满意
①					
②					
③					
④					
⑤					
⑥					
⑦					
⑧					
⑨					
⑩					

第三篇　柳州汽车产业技术服务链培育研究①

一、研究理论

（一）研究目的及意义

通过研究技术服务的内涵，结合服务链的基本规律，归纳出技术服务链的运行机理，分析影响柳州汽车产业技术服务链的因素，可以优化技术服务链的运行状态，从而增强柳州技术服务产业竞争力。

分析柳州汽车产业技术服务链的演化路径，提出促进柳州汽车产业技术服务链建立、完善、改进能力提升的对策建议。

汽车是柳州支柱产业，汽车技术服务工作由国家、自治区、高等院校、

① 张红，广西科技大学经济与管理学院。

职业教育、行业协会等多层次不同组织承担；技术服务工作的内容包含研发、推广、反馈、评价、标准化等技术发展全过程；技术服务对象包括多种整车组装、配套生产企业；技术服务产品涵盖商务车、乘用车、工程机械、特种车辆。学者对于柳州汽车技术服务的研究很难涉及这么复杂的内容，深入研究柳州汽车产业技术服务链有助于柳州汽车产业发展。

（二）技术服务链相关理论动态

国际上对于服务链的研究始于20世纪末的企业流程再造的理论实践。服务链是作用于不同服务生产主体之间的连接关系，主要研究供应商到客户之间不同主体采购服务的过程，服务链包括顾客参与及服务者反馈的双向作用，可以用来整合资源并共同创造顾客价值。国内有学者最早界定了服务链概念，即服务供应链是以现代信息技术、物流技术、系统工程等现代科学技术为基础，把与服务有关的各个方面按照一定的方式有机地组织起来，形成完整的消费者服务网络。这是一种与服务相关的“链”理念，主要阐述针对企业的业务流程进行再设计，同制造企业的生产流水线一样，服务企业服务产品的生产与消费也存在一条流水线，谓之服务链。

汽车技术服务企业以相关技术活动为手段向消费者提供各种服务，最大限度地满足消费者的技术需求，把与汽车服务有关的各个方面按照一定的方式组织起来，实现时间上具有连贯性，空间上具有继起性，形成汽车服务企业相互关联的汽车技术服务链。汽车技术服务链涉及汽车产业链技术活动的各个方面，其中主要包括技术研发、技术推广、技术改进反馈、技术标准化等主要过程。目前，汽车产业技术服务链的研究重点主要集中于汽车技术研发过程服务、汽车技术扩散服务、汽车技术标准联盟维护服务和汽车服务企业之间相互影响关系服务。

如何培育服务链？有学者从理论上研究了单独“工作点”如何形成“链”，有学者从物流理论研究了服务链形成影响因素，还有学者研究了汽车服务链的形成机理及服务选址问题，但是对于汽车技术服务链这一类复杂系统的培育研究成果几乎空白。在现有服务链形成机理及各类服务链的培育方法基础上形成的汽车技术服务链培育理论，可以有效帮助汽车产业的发展。

二、调研单位及信息与信息数据采集

（一）柳州汽车产业研发领域技术服务链调研

随着电动化、智能化、网联化、共享化逐步运用到汽车行业，汽车研发的水平及深度日益改善，汽车产品更新换代的速度日益加快，汽车研发总体可分为规划和基础架构开发、产品开发、产品验证、产品制造几个部分。

1. 调研单位

柳州研发领域的技术服务除了由企业提供的技术服务外，还有政府提供的资金、政策支持以及企业与政府共同建设的项目等。通过了解柳州汽车企业和柳州市政府研发领域的政策、项目，了解其他前沿的汽车企业研发方式和重视汽车企业发展的地区政策、项目，了解柳州汽车企业的研发领域在中国汽车产业中的情况，并且将柳州代表性汽车企业与中国优秀汽车企业进行对比，本篇选取表 3 –1 中的单位进行调研。

为了解柳州市政府对汽车产业研发的支持力度及政策，对比柳州汽车与其他城市前瞻领域有待加强之处、落后之处，本篇选取表 3 –2 中的单位进行调研。

表 3-1　企业调研单位

序号	调研单位	调研理由
1	上汽通用五菱汽车	位于柳州的杰出汽车企业
2	中国一汽	位于吉林长春的杰出汽车企业
3	广汽集团	首家 A+H 股整体上市、大型国有控股股份制汽车集团

表 3-2　政府调研单位

序号	调研单位	调研理由
1	柳州市工业和信息化委员会	柳州汽车产业规划与指导部门
2	广州市工业和信息化局	汽车发达地区，便于对比调研
3	长春市工业和信息化委员会	老工业基地，便于对比调研
4	广西柳州市人民政府网站	政府规划信息出处

2. 调研内容

根据汽车研发过程的主要内容，选择与之相关的内容进行调研，根据研发的主体，从两个方面进行调研，即企业主导的研发调研和政府主导的研发调研，表 3-3、表 3-4 为调研的相关内容。

表 3-3　企业调研内容

投资研发资金	研发项目	研发团队
企业自筹资金	前瞻性项目、研发产品结果	研发合作伙伴

表 3-4　政府调研内容

投资研发资金	研发引导政策	研发设施
引资政策	引入人才政策	公共服务
创新研发补贴政策	鼓励研发政策	科研成果管理

3. 对比调研

不同地区和不同企业尤其是不同的特征，都将对该地的产业发展产生极大的影响。为了研究汽车前瞻领域的不足和落后领域存在的问题，需要进行多方对比。表3－5列出了研发团队、研发资金、政府政策、研发结果四个显著差别项目进行对比。

表3－5　对比调研项目

研发团队	研发资金	政府政策	研发结果
团队类型	资金来源	政策项目、自主项目	绩效考核

（二）柳州汽车生产领域技术服务链调研

汽车市场制造技术的发展，保障了汽车的制造质量和生产速度，也满足了人民群众与日俱增的消费水平和生活理念。本部分主要内容是通过调研单位对汽车生产领域进行技术服务培训、技术标准指导，联合公关提高生产技术服务进行详细说明。

1. 调研单位

在柳州汽车生产技术服务的过程中，政府主要提供政策支持，支持建立技术中心，鼓励企业创新，为了解其中存在需要改进之处，本篇选取了表3－6中的单位进行调研。

表3－6　政府调研单位

序号	调研单位	调研理由
1	柳州市政府	有促进柳州市汽车产业的相关政策

续表

序号	调研单位	调研理由
2	柳州市统计局	有柳州市多年工业数据
3	重庆市政府	有促进汽车产业技术相关政策
4	重庆市统计信息网	有重庆多年工业发展数据

柳州被称为中国五大汽车城之一，一方面是因为汽车年产超过 200 万辆，另一方面上汽通用五菱和东风柳汽是两个主要生产基地，五菱集团是中国制造业企业 500 强、全国大型工业企业 500 强和信息化企业 500 强之一。因此，选择柳州上汽通用五菱汽车股份有限公司、东风柳州汽车有限公司、柳州五菱汽车工业有限公司等为企业调研单位（见表 3－7）。

表 3－7　企业调研单位

序号	调研单位	调研理由
1	上汽通用五菱汽车股份有限公司	中外合资汽车公司
2	东风柳州汽车有限公司	东风汽车公司和柳州市工业控股有限公司
3	柳州五菱汽车工业有限公司	大型中外合资企业
4	重庆长安汽车股份有限公司	核心整车企业
5	长安福特汽车有限公司	国内本土企业与国外汽车企业共同合资企业
6	重庆长安铃木汽车有限公司	国内最早的汽车合资企业之一

2. 调研内容

根据调研所搜集到的信息进行下列汇总分布，将调研内容分为政府主导和企业主导的两个部分。以下是两个主导部分对相关企业发展的有益之处。政府部门加大对财政的补贴，鼓励企业进行融资，支持国检中心对汽车生产技术进行深造，政府部门提供的生产技术服务，加速技术转化，推动技术服务扩散，如表 3－8 所示。

表3－8　政府主导的技术服务

序号	内容	作用
1	高端人才引进，财政的补贴政策，企业融资	有利于企业资金流动，加快生产效率
2	国检中心对汽车生产技术的影响	加快城市发展，提高工作效率

企业所提供的技能培训、技术标准指导、公关方面的汽车生产技术服务，多渠道、全方位促进人才培养工作，对员工实施培训，对相关理论进行指导。企业技术服务可以加快企业发展进程，有助于城市的发展，如表3－9所示。

表3－9　企业主导的技术服务

内容	作用
培训	①指导操作人员认识设备，确保设备安全可靠地运行；②对操作人员进行设备结构、工作原理、控制工艺等理论培训及设备操作规程培训；③掌握设备一般性故障的诊断、定位和排除方法；④指导一般操作人员的现场工作等
技术标准指导	①保障人体健康和人身、财产安全；②环境保护、卫生的标准；③节约能源、资源的标准；④国家需要控制的产品通用技术要求；⑤法律、行政法规指定必须执行的标准；⑥强制性标准以外的标准为推荐性标准
公关	①采集信息，监测环境；②咨询建议，参与决策；③传播沟通，宣传造势，塑造形象，创造无形资产；④平衡利益，协调关系；⑤社会交往，组建网络；⑥教育引导，培育市场；⑦科学预警，危机管理；⑧提高效益，促进发展

（三）柳州汽车零部件的采购调研

汽车产业是柳州发展最快的产业，同时也是柳州三大支柱性产业之一。柳州汽车行业跟随全球经济一体化步伐得到很大提升。整车产品的优化升级给零部件产业提供良好机遇的同时，也对零部件产业提出了更高的要求。

1. 调研单位

自2017年以来，柳州规模以上占全市工业总产值的半壁江山，逐渐形成

了“龙头引领带动，产业集聚发展”的效应。柳州市人民政府也积极响应国家号召，针对柳州汽车行业的发展提出战略指导。表3－10是本篇选出的调研单位。

表3－10　政府调研单位

序号	调研单位	调研理由
1	柳州市人民政府	指导柳州汽车行业发展战略目标和任务制定
2	国资委	对比分析
3	工信局	对比分析

柳州汽车行业发展迅速，整车发展推动零部件产业战略优势，针对零部件产业发展，本篇选取了柳州汽车行业中比较有代表性的公司以及全国零部件产业发展良好的企业，对表3－11中的企业进行调研并做简要分析。

表3－11　企业调研单位

序号	调研单位	调研理由
1	东风柳州汽车有限公司	建有机加工基地、商用车基地、乘用车基地，品牌知名度及销售量在国内属于一流
2	柳州五菱汽车有限责任公司	生产和销售微型汽车零部件、发动机和专用车，省部级国资委直接监管
3	上汽通用五菱汽车股份有限公司	拥有冲压、车身、涂装、总装等现代化生产车间，生产微型商用车和微型乘用产品系列
4	耐世特汽车系统（柳州）有限公司	上汽通用五菱及东风柳汽的供应商，主要产品为汽车电子助力转向系统
5	潍柴集团	全球零部件企业百强榜单第11位（2019年），对比分析柳州市零部件发展趋势

2. 调研内容

柳州位于广西中部，是西南区域的交通枢纽之一，来自外界的汽车零部件能方便快捷地运到柳州。柳州深化供给侧结构性改革的政策，引导传统工业城市战略转变，推动零部件产业的转型升级。针对柳州零部件产业市场行情，可围绕表3－12中的三个调研内容展开。

表3－12　政府单位调研内容

调研单位	调研内容
柳州市工信局	零部件行业发展政策
柳州市发改委	零部件产业发展趋势
柳州市工业政策研究室	零部件产业发展前景

近年来，柳州高新区十分重视柳州汽车城建设，培育了柳州五菱、方盛实业、东鹏汽配、超顺汽配、嘉诚饰件等一大批骨干零部件企业，实现了柳州汽车零部件企业制造水平的提升。企业针对零部件产业发展环境及发展现状，对产业进行合理定位，进一步推动整车与零部件产业优化升级。针对柳州市汽车零部件企业发展，对表3－13中的企业进行如下调研。

表3－13　企业调研内容

调研单位	调研内容
柳州市高新技术产业园及柳州高新区管委会	①柳州市汽车背景网点布局；②零部件产业发展优势；③关键零部件配套生产协作；④新能源汽车应用及推广；⑤零部件产业规划之产业现状；⑥零部件产业规划之发展环境；⑦整车与零部件产业优化升级

（四）柳州汽车产品销售调研

根据国家统计局于2016年12月发布的统计数据，2010～2016年广西地区汽车销售总量及汽车销售总额呈稳步递增的态势，产销比也处于比较高的水准，目前，广西汽车销售在全国属于较高水平，汽车企业的销售技术服务要为汽车销售提供重要的支撑，同时也在销售中占据非常重要的地位。当前柳州汽车销售的技术服务在总体上还是比较完全和完善的，但仍然存在一些问题。

1. 调研单位

在柳州汽车销售技术服务的过程中，政府主要提供基础设施建设、公共网络服务、地方法规建设等，在汽车销售技术服务链的环节中，政府所提供的基础政策支持是非常重要的，企业提供的技术服务需要在政府的政策指导下实行。为了解其中存在的需要改进之处，本篇选取了表3－14中的单位进行调研。

表3－14　政府调研单位

序号	调研单位	调研理由
1	柳州市工信局	获取柳州市汽车销售一手资料
2	重庆市经信委	对比分析
3	长春市工信局	对比分析

柳州的汽车销售服务涉及国有、民营、代理等不同的销售主体，为获得本篇所需的资料以及数据进行分析，对表3－15中的几个公司进行了调研。

表3－15　企业调研单位

序号	调研部门、企业（顺序不分先后）	调研理由
1	上汽五菱宝骏汽车有限公司	在柳州市本地的汽车企业
2	梅赛德斯－奔驰汽车有限公司	国际汽车企业，发展充分

续表

序号	调研部门、企业（顺序不分先后）	调研理由
3	中国一汽红旗有限公司	国内知名汽车企业
4	百祥汽车销售服务有限公司	专业汽车销售公司
5	中海汽车销售有限公司	专业汽车销售公司

2. 调研内容

根据调研所收集到的信息进行下列汇总分布，将调研内容分为政府主导和企业主导的两个部分，政府应负责有形销售、网络销售、品牌专卖销售、特许经营专卖销售以及汽车保修索赔和汽车售后服务。这里负责的有形销售和网络销售指的是，市政部门应刺激有形销售模式、便利网络销售模式，在消费者购车时从政府层面给予补贴，降低汽车企业销售成本和消费者的购买成本。负责品牌专卖销售和特许经营专卖销售模式中，市政部门应简化申报手续，加快办理速度，从侧面刺激汽车销售。对于汽车保修索赔和汽车售后服务，市政部门应加强监管，完善汽车保修索赔和售后服务的制度，使汽车企业有相应的政策约束，保护消费者在购买汽车后的相应法律权益，降低购车者的顾虑，可以促进达成销售协议，同时，有相应政策规定，汽车企业更能明确自身应负责的售后工作，方便汽车企业开展售后服务。柳州市政部门在汽车销售技术服务中，扮演的应是宏观监督者的角色，在一定程度上给予政策帮助，刺激汽车销售。如表3－16所示。

表3－16　政府单位调研内容

调研单位	调研内容
柳州市工商局	特许经营专卖销售、品牌专卖销售、汽车保修索赔、汽车售后服务
柳州市工信局	网络销售

企业应负责有形销售、网络销售、品牌专卖销售、特许经营专卖销售；提供车辆信息、购车手续咨询、购车后的代理服务、汽车保修索赔、汽车售后服务。汽车企业是汽车销售的主体，应开发有形销售、网络销售等不同的销售模式，以便为消费者提供更多选择。不同的销售形式针对不同年龄、不同需求的消费者，会有更好的消费体验。在购车前，汽车企业应提供车辆信息，方便消费者选择不同型号的车辆，同时还应提供购车手续咨询，这两项作为购车前的销售技术服务，决定消费者是否选择该汽车企业的产品。购车后还应提供代理服务、保修索赔、售后服务，这是国家法律规定的必要的汽车销售技术服务。在此基础上，汽车企业可以自行添加不同的服务，如保养、喷漆、打蜡等不同的售后服务，技术服务越完备，客户满意度越高。完成所销售服务后，还可以调查客户满意度，来完善汽车销售技术服务的过程。如表 3 – 17 所示。

表 3 – 17　企业调研内容

调研单位	调研内容
上汽通用五菱	有形销售、网络销售、品牌专卖销售模式、汽车售后服务
4S 店	品牌专卖销售模式、购车后的代理服务
东风柳汽	特许经营专卖销售模式
车管所	车辆信息服务、购车手续咨询
工商局	汽车保修索赔

三、相关信息数据分析与存在问题分析

（一）研发领域汽车服务链信息及数据分析

通过对表 3 – 1、表 3 – 2 中的单位以及表 3 – 3、表 3 – 4 及表3 – 5 中的内

容的调研，可以得到下列信息。

1. 研发团队

通过网络调研和走访调研单位，可以得到广州和柳州研发团队的对比情况，现归纳如表3－18所示。广州汽车发展实力不容小觑，其研发的中高端汽车是柳州汽车期望大力研发的车型，所以对于柳州的汽车企业发展具有很大的借鉴作用。

表3－18　柳州与广州研发团队基本情况对比

柳州	广州
①柳州市汽车产业合作伙伴较少：虽然有柳州五菱汽车工业有限公司与海斯坦普集团确定战略合作伙伴关系，广西柳工集团有限公司与上海建工集团股份有限公司形成战略合作伙伴关系，但依然没有吸取外资，没有大限度与国外企业合作 ②柳州市汽车产业人才相对稀缺：截至2011年，柳州汽车及零部件企业中，共有国家级企业技术中心1家、自治区级企业技术中心20家、博士后工作站2个	广汽研究院于2006年成立时仅有三四十名研发人员，经过10年发展就已建立起一支2500余人的研发人才队伍，由来自海内外的高端汽车技术专家团队领军，其中不乏享有“中国汽车工业优秀科技人才”等称号的汽车行业精英

2. 研发资金

通过网络调研和走访调研单位，可以得到广州和柳州研发团队的对比情况，现归纳如表3－19所示。

3. 前瞻领域布局服务

企业与政府：上汽通用五菱积极响应新能源政策，同时为了加快转型，与多方资源合作研发新技术，与政府协同促进广西汽车发展新方向。上汽通用五菱与华为、中国移动、驭势科技等跨行业领先企业联合，在5G、智能化、无人驾驶等领域布局多项前瞻性技术并实践应用；2019年7月，启用全

表 3－19　柳州与广州研发资金来源对比

柳州	广州
柳州市汽车产业资金积累相对国内企业较弱，柳州补贴资金一直走下坡，直至2020年7月进行调整。柳州市奖励政策：鼓励开展核心技术研发攻关。对成立关键零部件研发制造中心的，按实缴注册资本的10%给予奖励，每家中心最高奖励2000万元。对内部裂变新成立的汽车零部件企业，按实缴注册资本的10%给予奖励，每家企业最高奖励2000万元	广州市政府方案包括了众多针对汽车产业的扶持政策，例如设立100亿元以上的广州汽车产业创新发展基金，重点支持自主品牌汽车、新能源汽车、智能网联汽车的发展。其中，投资于广州汽车零部件企业的投资金额比例不低于20%。优先将广州国际汽车零部件产业基地列入省、市重点建设项目，在项目立项、规划、用地报批等方面给予绿色通道支持

球首条5G、V2X、无人驾驶、远程驾控的“四位一体”公开测试道路；2019年12月，发布全球首款搭载HUAWEI HiCar的智慧互联量产汽车，联合华为与博泰、苏宁等生态伙伴共同打造“移动智能空间”，为用户提供超越期待的出行体验。

上汽通用五菱也在持续加大对制造及研发技术的布局和投入，用更高质量、更安全的产品回馈广大用户。位于柳东新区的整车研发及试验认证中心占地面积约2000亩，投资40亿元建成14个国内乃至国际先进的汽车整车和零部件试验室，包括整车碰撞、整车排放、整车试验跑道、NVH、动力总成、发动机等试验室。为了顺应智能化、网联化的技术发展趋势，上汽通用五菱已经开始采用国际最尖端设备开展大数据、整车模拟试验、无人驾驶、云计算等高精尖技术的研究工作，用数据驱动企业长远发展。

柳州市政府提供了测试公路、试验基地的技术服务与支持，上汽通用五菱能够更加顺利地研发新能源汽车，有利于柳州汽车的转型升级。在“柳州模式”的推广过程中，上汽通用五菱与柳州市政府密切合作，优化购买上牌、行驶路权、停车充电、电价优惠等各个环节，共同打造让用户真正觉得“好用”的新能源汽车产品及使用环境。

4. 存在问题及原因

综合上述信息分析，柳州对汽车产业研发领域的服务还是非常重视的，柳州汽车企业在研发领域也取得了一些成果，当然与汽车产业发达地区相比，还存在一些差距，目前主要表现为下列问题：

第一，前瞻领域布局梯度层次不够明显，落后领域淘汰转型机制需要探索。目前柳州汽车产业前瞻性布局还是以整车碰撞、整车排放、整车试验跑道、NVH、动力总成、发动机为主，仅涉及最尖端设备开展大数据、整车模拟试验、无人驾驶、云计算等高精尖技术的研究工作，具体规划时间未明确，且这些尖端技术研究梯度安排未具体布局；对于即将淘汰的汽车产品未明确提出转型时间表，与之配套的汽车产品服务配套淘汰转型贮备不足，以后会对柳州汽车产业发展造成不利影响。

第二，政府政策服务支持方式需要进一步创新。柳州毕竟处于西部地区，不论是投资研发的资金政策，还是鼓励创新研发的政策，对吸引外来资金和企业与柳州企业合作，投入足够的人力、物力、财力支撑柳州产业的转型都存在一定困难，这需要柳州市政府在政策服务支持方式上加以创新，走出一条适合西部地区的创新之路。

第三，汽车产业创新不足，汽车产业研发技术服务支持需要加强。近年来，汽车企业均致力于创新研发新汽车产品，新能源汽车成为一大研发趋势。2020 年以前，柳州新能源补贴一再退坡，无异于打击企业信心，影响创新力度、产品品质、新能源汽车产业高质量发展。柳州汽车产业研发车型较少，中高端车型依然是一大突破项，汽车研发产品较少，中高端车型较少，尤其高端汽车研发是一大短板，目前其旗下仅有一家位于印度尼西亚的子公司和子品牌新宝骏。想要跃升为国内一线的汽车品牌，这些是远远不够的。并且长时间以来，柳州汽车大多依靠自主研发，缺少稳定的技术支持。这些都极大地影响了柳州汽车的发展。

（二）生产领域服务链信息及数据分析

1. 调研信息分析

通过对表 3－6 中的单位和表 3－8 中的内容的调研，可以得出得到下列信息：政府对汽车生产领域的服务主要体现在基础设施建设、汽车技术服务、汽车运输服务、汽车销售服务等领域的支持。具体措施有：第一，建立国检中心为上汽通用五菱、东风柳汽、柳汽等提供了检验检测技术服务，以先进的硬件技术、高水平的科研能力得到市场的认可。第二，逐步开展智能网联及无人驾驶汽车、汽车主动安全、汽车实车碰撞等试验能力建设，为下一步广西汽车产业发展壮大提供技术保障。第三，在体制机制上，柳州支持企业建立技术中心，鼓励新工业、新产品、新技术的开发与在企业的推广应用，发挥企业在技术创新中的主体作用，建立健全企业主导产业技术研发创新的体制机制。第四，在政策支持上，柳州对获国家级、自治区级企业技术中心奖项的企业分别给予一次性 50 万元、20 万元奖励，引导企业不断加大技术创新投入，提高企业主导产品和关键技术的自主创新能力。

通过对表 3－7 中的单位和表 3－9 中的内容的调研，可以得到下列信息：第一，柳州市政府要与企业建立定期沟通机制，及时了解企业需求，全力以赴支持企业发展，推动柳州汽车产业高质量发展。第二，柳州作为国家小微企业创业创新基地示范城市，大力支持和积极引导了一大批行业企业、高校、研发机构建设创新创业载体，促成龙头企业创新资源、市场资源外溢，带动行业大中小企业高度聚集，催生一批骨干小微企业，有效推动柳州汽车产业的结构转型升级。第三，新区扎实落实国家级大中小企业融通发展特色载体建设，支持大企业释放创新资源、市场资源，带动一批中小企业形成融通发展新模式，培育衍生新产业，突破性发展智能汽车、共享汽车，壮大铝合金等新材料、大数据及信息安全等新一代信息技术产业，驱动现代工业服务业加快发展，构建新业态。同时政府支持汽车企业利用“互联网＋”创新汽车销售模式，引进汽车电商与实体企业合作，拓宽消费者购车渠道。

2. 对比分析

与比柳州汽车发达的地区相比较，便于发现柳州今后发展的方向。重庆是比较出名的汽车城市，也是汽车工业较为发达的城市。选取重庆作为对比城市，可以吸取先进的发展经验，便于确定柳州汽车生产领域技术服务今后的发展方向。

（1）柳州与重庆生产技术服务基本情况对比。

柳州作为西南地区汽车产业较为发达的地区，第一，已经建立以精益生产为中心的生产技术服务体系。第二，柳州市政府也建立了一批以国检中心对汽车生产技术为代表的生产技术服务机构。第三，柳州为汽车产业的发展制定了有利的政策，比如说建立健全企业主导产业技术研发创新的体质机制，政策上对创新技术进行奖励，引导企业加大对技术的创新投入。比较重视高端人才引进，同时也重视国外高端汽车生产技术的引进，与人才相伴引进国外先进的制造技术。第四，柳州汽车工业经济是广西汽车工业的大头，总量比重达75%以上。拥有上海汽车、中国第一汽车、东风、重汽四大汽车集团整车及专用车生产基地，这些基地极大地提高了汽车零部件配套率，上汽通用五菱、东风柳汽等整车企业推动柳州汽车产品向高档次、高附加值的多元化结构升级。

（2）重庆企业提供的生产技术服务。

第一，重庆实现了跨品牌的汽车零部件及整车精益生产体系。汽车零部件本地化配套率达 80%，建立了 400 多家高品质一线汽车零配件生产企业，1500 多家二三线配套企业。通过建立职业资格管理体系，创建职业发展通道；尊重员工职业倾向，提供多形式培养机会；以业务绩效为导向，打造人才梯队等方式，多渠道、全方位促进人才培养工作，员工实施培训率超过 90%。

重庆作为西部大开发的中心，同时也作为老牌的三线工业重地，相对柳州更加具有优势。一是重庆地区高校林立，引进人才相对便利，政府主要是重视引进高端人才。二是重庆地区主流自主品牌最密集，比亚迪等汽车在重庆投资比较大，在重庆布局动力电池项目。长城汽车南方基地在重庆开工。同时，重庆还是力帆汽车总部所在地，国内重要的汽车企业几乎都在重庆两江新区建有企业。

第二，联合世界先进汽车企业。在汽车领域里，德国的汽车技术一直以来有较好的口碑。德国大陆集团重庆研发中心的正式投入运营，将带动中国西部汽车工业研发能力的跨越升级。德国与重庆汽车产业的合作体现在下列几个方面：一是在制造技术方面，作为汽车最核心的发动机，底盘以及车身制造技术绝大部分是汽车公司自制，或者成立独资的子公司来制造。二是在培训体系方面，一些国际知名培训机构，比如莱茵公司，主攻 VDA 方面，是比较权威的培训机构，但是只适合于德资。三是在新型技术引进方面，先进的技术标准指导，能够促进公司发展，同时也能满足新型汽车需要的通用技术要求。

（3）重庆市政府主导的生产技术服务。

重庆将鼓励和支持建立一批市场化运作的技术转移转化机构。同时，紧扣地方经济社会发展热点、难点和产业转型升级的技术“瓶颈”，促成一批国外高价值专利技术成果在重庆转移转化。引领汽车企业搞汽车技术研发，政府增大财政补贴，是大部分公司的重要经济来源。

（4）柳州、重庆主要汽车企业知识产权对比。

图3－1的数据来源于上汽通用五菱股份有限公司、东风汽车有限公司、重庆长安汽车股份有限公司三个公司的官方网站，从企业申请的专利情况看，汽车企业的专利类型以实用型为主，实用新型约占专利申请总量的50%，说明突破点主要在生产质量和工艺创新方面。同时，在这个互联网快速发展的时代，知识产权需要及时注册，以免自己的商标、专利被其他企业抢先注册。

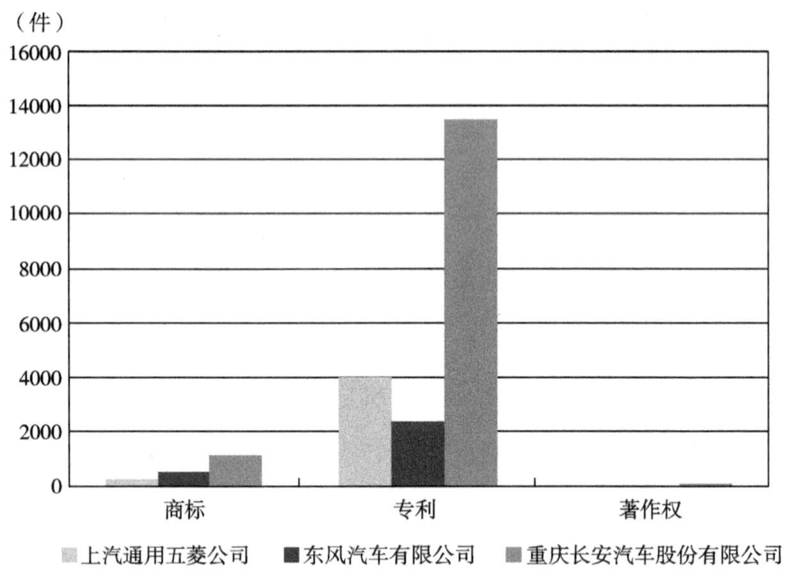

图3－1　知识产权对比

由图3－1可知，柳州上汽通用五菱股份有限公司和重庆长安汽车股份有限公司在专利上相对于东风柳州汽车有限公司多，股份有限公司的优势显而易见，所以政府应负责股份制改制、重组、规范股份公司运行；重庆长安汽车商标比柳州的两个名企多，柳州企业科研团队有待加强。政府需推动企业多渠道多层次上市，从政策上建立完善有效的政策、法规体系等科学组织，保证工作顺利进行，为企业的发展创造良好的环境。同时，企业要加大对科研的投入力度，获得更多的知识产权。在专利数量前 10 名的汽车企业中有三家国内企业（长安汽车有限责任公司 13512 项、东风汽车 2403 项、上汽通用五菱 4002 项）。公司的专利数量代表了公司的科研团队能力的大小，专利代表知识产权，而知识产权是自主创新的体现。所以企业应该加大对科研团队的投入力度。

3. *存在问题*

通过调研的数据和内容，根据企业和政府相关方面调查，根据政府相关文件、信息网信息、汽车技术发展、汽车生产相关技术的信息，对信息进行分析并提出以下两点问题：

第一，生产领域技术服务链体系需要进一步完善。柳州汽车生产领域的技术服务主要包括：一是精益生产管理体系。由于柳州汽车生产都是各自独立的，与其他品牌汽车共享较少，因此造成生产过程管理柔性调节能力相对先进企业较弱。二是政府设立的产品检测体系。由于经济发展水平的原因，柳州所设立的国检中心专业性和前瞻性仍需要提高。

第二，自主知识产权领域短板明显。对于大型企业来说，自主创新能力是企业生存的根本。汽车行业创新能力的重要体现是企业新产品的自主设计能力，提高这一能力是柳州众多汽车企业必须予以重视的问题。自主创新能力不足，核心技术受制于其他企业，引进技术消化再创新能力薄弱，同时引进技术没有与自主创新结合起来。

（三）零部件的采购服务链信息及数据分析

柳州不仅是广西汽车产业集群中心，还是国家汽车及零部件出口基地。经过不断发展与壮大，汽车产业已经成为柳州第一大支柱产业。在整车企业的带动下，已基本形成了较为完整的零部件配套产业链，零部件产业逐渐成为柳州汽车行业发展的大头。

1. 柳州零部件产业发展优势

柳州汽车零部件产业发展主要有以下三方面的优势：第一，快速发展的整车资源优势。上汽、一汽、东风、重汽四大汽车集团都在柳州市拥有生产基地，有利于整车企业实现零库存、降成本。第二，良好的产业基础。柳州汽车零部件产业在整车企业的拉动下，已经基本形成相关产业链，产业的集聚效应已经显现。第三，良好的区位优势。在柳州周边800千米的辐射范围内，有广汽集团、北汽集团及海马汽车等企业的整车生产基地。

柳州市整车发展推动零部件产业统筹发展，近年来，随着生产力的发展和消费水平的日益提高，汽车的拥有量逐年增长，汽车拥有量的增加对于零部件产业提出了更加严格的标准以及对零部件产业的创造能力提出了更大的要求。对于零部件制造商来说这是一个空前的机遇与挑战。图3－2可以间接反映零部件产业发展的前景以及对未来的展望，图中选取了2014～2018年的数据，且数据均来源于国家统计局官方统计数据。从图3－2可以看出，汽车保有量逐年上升，汽配零售营业面积也逐年上升，从侧面反映出零部件产业的发展趋势，以及对零部件仓储管理提出更高要求。

2. 柳州汽车零部件服务

柳州零部件产业发展具有较大的区位优势和良好的发展环境。要推进核心零部件产业集群发展，紧抓产业技术变革和消费市场机遇，形成整车和

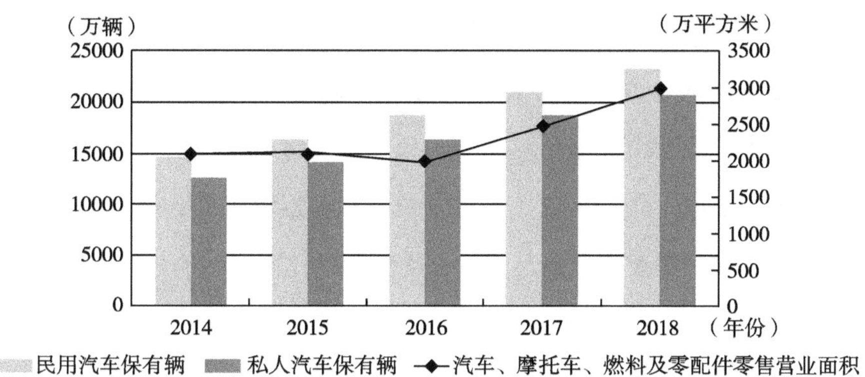

图3－2 2014～2018年中国民用汽车、私人汽车保有量及汽车、摩托车、燃料和零配件零售营业面积

零部件产业相互促进、相互影响、共同进步的局面。提高零部件研发技术，提升产品性能，推动零部件产业发展，形成产业优势，推进关键零部件配套生产协作。形成库内整体，根据实际操作物流需求，确定各区域的面积以及相对位置，得到仓库的平面布局。仓库一般划分为生产作业区、辅助区、行政区三大部分。其中，核心区域为生产作业区，通常由装卸站台、出入库区、储存区、通道、分拣区等组成。在进行整体规划时，需要着重考虑生产作业区域的布局。

在进行整体布局时，要适应物流操作流程，便于作业优化，实现一次性作业，减少搬运的次数，缩短搬运距离，缩减所需时间，同时要保证各区域间的信息互通；在处理单一的物流流向时，要避免迂回、交叉、逆向作业，标注好唯一的物流入口与出口，便于管理与监督；与此同时，要最大限度地利用平面与空间，节省建设投资，节少成本。

（1）柳州企业汽车零部件服务。

选址服务。柳州选址遵循费用原则、长远发展原则、接近用户原则。目前所建立的仓库有四种类型，即转运型仓库、储备型仓库、综合型仓库、专用型仓库。转运型仓库大多经营倒装、转载或储存周期短的周转类物品，因此，一般选择在城市边缘地区交通便利的地段，以便转运和减少短途运输；储备型仓库主要经营中长储存时间的物品，普遍将仓库设置在城镇边缘或城市郊区的独立地段，并且具备直接且方便的水路运输条件；综合型仓库所经营的物品种类多，需要根据物品类别和物流量选择不同的地段。

仓储服务。对于仓库的布局，除了需要确定仓库网点数量、规划以及规模之外，还需要考虑好地区的选择，要考虑地区的吸引力，除包括文化、税收等因素之外还有其劳动力供应及成本。仓库平面布局要求要适应仓储企业生产流程，有利于提高仓储经济效益，有利于保证安全生产和文明生产。基本仓库布局方式主要分为辐射型、吸引型、聚集型、扇型。柳州汽车零部件仓储服务由于与历史联系较紧，因此，除了考虑调整布局之外，更多的是要考虑不同形式的仓储改造。

（2）柳州市政府汽车零部件技术服务。

汽车网点布局背景。柳州工业发达，支柱产业包括以东风柳汽、上汽通用五菱等大型汽车集团公司为代表的汽车制造业。2018 年柳州人民政府门户网站数据显示，全市共有整车企业 3 家、规模以上零部件生产企业 263 家，资产总额多达 1400 亿元，从事该行业人员近 12 万人。柳州钢铁（集团）公司、上汽通用五菱汽车股份有限公司、柳工集团、东风柳州汽车有限公司、柳州五菱汽车有限责任公司 5 家企业跻身工业企业全国 500 强。图 3 –3 和图 3 –4 为柳州部分汽车零部件公司地址。

图 3 –3 和图 3 –4 的数据来源于百度地图，图 3 –3 为所选柳州 10 个汽车零部件公司分布的整体格局，为便于更快地观察以及具体了解所处位置的区位条件，制作了详细的地址展开图，如表 3 –20 所示为本篇所选的 10 个公司的名称以及成立时间。

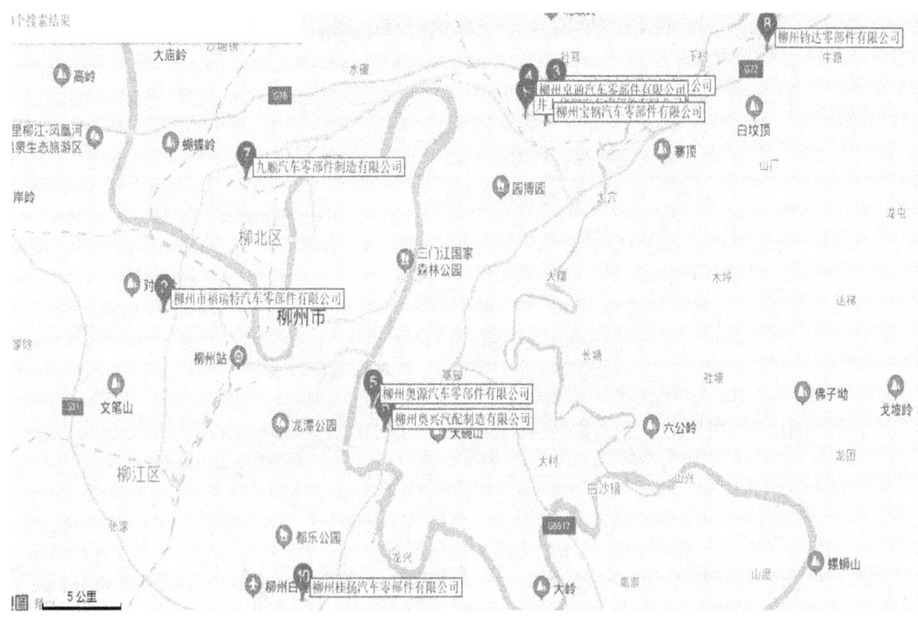

图 3-3 本篇所选的柳州 10 个汽车零部件公司地址分布

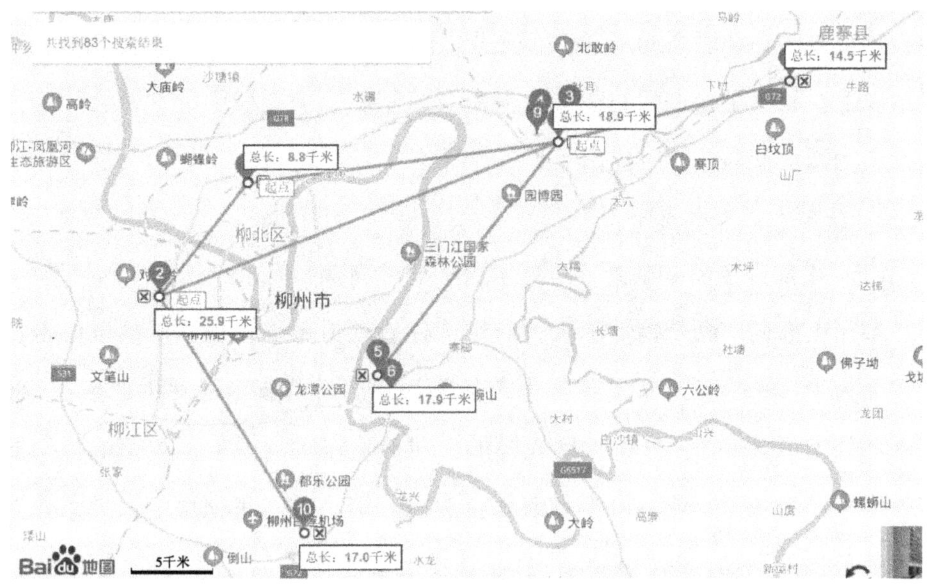

图 3-4 本篇所选的柳州 10 个汽车零部件公司地址分布距离示意

表3－20　柳州市零部件仓储地址对应公司名称及建址时间

序号	公司名称	建址时间
1	上汽通用五菱柳州配件仓库	2001年11月
2	柳州卓通汽车零部件有限公司	2013年11月
3	柳州市东海汽车零部件有限公司	2010年12月
4	柳州市英材汽车零部件有限公司	2017年5月
5	柳州市九顺汽车零部件制造有限公司	2011年3月
6	柳州市创菱汽车零部件有限公司	2014年11月
7	柳州宝钢汽车零部件有限公司	2015年2月
8	柳州桂扬汽车零部件有限公司	2010年11月
9	柳州凌云汽车零部件有限公司	2011年8月
10	柳州市福瑞特汽车零部件有限公司	2012年11月

结合表3－20和图3－4可知，从零部件仓储地址分布可以看出，它们都临近公路，便于运输，地理位置优越，有利于与外部协作；大多比较集中，有利于产业集群发展，统筹协调，有利于优化区位条件。然而没有一条主动脉公路将这些企业联系起来，各个企业之间的直线距离最近8千米，最远30千米以上，各个企业之间的物质交流需要跨越新旧两类城区，这样会让企业生产影响城市交通，同时付出不少运输成本。

3. *存在问题及原因*

（1）零部件产品基础差，对技术服务要求高。

柳州大部分产品产销量不大，对零部件拉动力不强。整车产品以低价位的产品为主，影响了汽车零部件生产的附加值。全市有零部件生产企业886家（2018年更新的数据），大型规模的公司数量很少，中小型规模的公司居多，而且多为私营企业。由于零部件企业盈利能力差和负债率高，导致企业技术装备投入不足，致使零部件企业技术装备水平落后，高精尖设备缺乏，大部分为价值低的普通设备或二手设备，而且本地配套零部件主要集中在钣金件、车身附件等低附加值产品上。汽车电子、电喷系统等高附加值零部件

产品基本在外地配套。高附加值零部件产品的缺失，导致本地零部件企业盈利能力差，持续发展能力弱。

（2）汽车零部件企业布局历史痕迹明显，提升企业之间物流水平难度大。

由表3－20可知，各个汽车零部件企业布局有先后之分，由图3－4可知，大部分新建的汽车零部件企业都处于工业园新区。新旧汽车零部件企业之间的物质交换要么穿过柳州市区，影响公共交通，要么绕过柳州市区，增加企业运输成本，或者采取夜间错峰物流的方式，对提升企业间物流水平影响很大。

（四）汽车销售领域服务链信息及数据分析

1. 消费者所需要的汽车销售技术服务

消费者对于汽车销售的技术服务需求呈现多元化和复杂化趋势。按照年龄层次需求来划分：年轻消费者可能更倾向于网络销售的形势，利用网络收集车辆介绍、价格等基础信息；相对年长的消费者更倾向于前往汽车4S店，通过店员介绍、亲身试驾来实地了解车辆信息、驾驶感受等直接感受。按照收入层次来划分：普通小康家庭的消费者，可能更倾向于价格相对较低、储存空间大、外观比较大众化的汽车；富裕的高收入家庭，可能更倾向于价格相对较高、驾驶感觉好、性能强劲、外观较高档出众的汽车。现在消费者对于销售技术服务的需求大体可以分为表3－21所列的几类。

表3－21　消费者所需要的服务

购前服务	购买服务	售后服务
车辆信息	购买手续	质量保障
市场价格	购买形势	维修保养服务
	车辆交付	索赔

在表3－21所列出的服务中，需要提供技术服务的主要集中在售后服务中，主要包括：第一，质量保障。一方面销售商通过代理品牌为消费者提供保障；另一方面销售商通过维护体系提供保障。第二，维修保养。销售商主要通过合格的零部件更换体系和正规的保养维护技术提供技术服务。

2. 企业所提供的汽车销售技术服务

针对消费者在汽车销售过程中所需求的多元化、复杂化技术服务，企业一般直接提供的销售技术服务有以下两个类别：第一，销售形式。包括有形销售、网络销售、品牌专卖销售模式、特许经营专卖销售形式。第二，销售过程业务服务。提供车辆信息、购车手续咨询、购车后的代理服务、汽车保修索赔、汽车售后服务。其中每一项还可细分，如提供车辆信息还可分为车型参数、安全系统、外观、内饰、智能娱乐、车身颜色等，根据不同车型的市场定位、消费者需求会有不同的内涵，一般不会提供完全的销售技术服务，而是将不同的销售技术服务进行组合形成不同的形式组合以满足不同消费者的需求，达到销售的目的。

3. 柳州市政部门所提供的销售技术服务

在2017～2020年，柳州市政府发布的文件中提及汽车销售数量为6次（详询柳州市政府门户网站），柳州市工信局发布的文件中提及汽车销售数量为13次（详询柳州市工信局官网）。其中，直接针对汽车销售的文件信息有7条，具体如下：

第一，推动促进新能源汽车的优待政策，推动完善新能源汽车的补贴结构。落实国家关于新能源汽车免征车辆购置税政策。

第二，推动支持汽车企业在销售中使用“互联网＋”汽车销售形式，将网络电商服务与汽车产业企业合作，拓展消费者购买汽车时的消费渠道。

第三，加大对停车场等相关配套设施的建设力度。建立健全新能源汽车所需要的能源设施建设，例如充电桩、乙醇混合汽油等，加大停车设施建设资金投入。

第四，制订活动计划，以促进汽车销售，加大汽车销售扶持力度，加快消化库存的支持。

第五，推动促进汽车企业拓宽汽车产品的销售和生产，根据柳州40%的企业享受自治区配套资金奖励的奖励标准，市级财政安排。

第六，鼓励汽车企业开拓海外市场，新开发车型出口量达到100台后，每台出口车型给予1000元的物流补贴，用于汽车产品出口。

第七，2019年促进汽车消费活动。

以上便是文件中体现出的柳州市政府公布的销售服务政策支持，可以看出，在汽车销售技术服务方面，柳州市政府也给予了柳州市汽车企业一定的政策支持。如降低成本、鼓励汽车企业扩大销售、补助新能源汽车销售、推进“互联网+”汽车销售新模式、鼓励汽车企业扩大海外销售市场和开展一些汽车销售展或汽车销售活动等。

4. 其他城市政府部门所提供的销售技术服务

对比重庆和长春两个经济水平较高，汽车工业也比较发达的城市，为柳州汽车产业发展提供对照，寻找柳州汽车产业未来的发展道路，可以提供一些有益的参考。

（1）重庆市。

2017~2020年，重庆市政府发布的文件中提及汽车销售数量为5次（详询重庆市政府门户网站），重庆市经信委发布的文件中提及汽车销售数量为1次（详询重庆市经信委官网）。重庆市政府门户网站所收集到的提及重庆市汽车销售的文件中，涉及政府给予汽车销售的政策支持只有两项（2020.1.20政务信息；渝经信复函〔2019〕185号）。具体内容为：第一项是打造汽车电子产业高地，推动重庆市汽车制造、销售的发展；第二项是完善新能源汽车产业体系。在汽车销售技术服务领域内，重庆市政府给予的政策支持在笔者的调查中较柳州市政府要少，覆盖面较小，理论上在重庆与柳州的对比中，柳州的汽车销售技术服务政策支持特色较明显。

（2）长春市。

长春地处中国东北地理中心，为中国著名老工业基地，新中国最早的汽车工业基地，被誉为“东底特律”，也是轨道客车等产业发展的摇篮，诞生了著名的中国一汽、长春客车厂。

2017～2020年，长春市政府发布的文件中提及汽车销售数量为54次，长春市工信局发布的文件中提及汽车销售数量为5次。涉及政府给予汽车销售技术服务的政策支持多达15项，这里具体列举其中的几项。

第一，吉林市政府为第一汽车制造厂颁发红旗轿车牌号201931，将品牌向全球推广，建立新的品牌形象和完善服务内容，加快建设红旗汽车在国际间的配送服务，加强国外客户使用舒适度，汽车“互联网+”4S店和其他终端服务打造智慧之旅的销售使用生态系统，打造线上、线下的一体式综合服务平台。（政府）

第二，建立1000万元的汽车销售企业，分级分情况给予资金支持，符合条件的企业首先提供20万元的资金支持；企业当年社零额增长达到千万元及以上，一次性提供30万元资金支持。（政府）

第三，对于经开区、兴隆综保区，实行长春汽车进口口岸整车进口全过程“一站式”服务，有效降低了进口汽车的物流成本及销售成本，带来更大的价格优势。（政府）

第四，2019长春汽博会，“会展+汽车产业”，现场销售车辆近3万台，整车及汽车后市场成交额突破60亿元。值得一提的是，各地车企在长春车展上大出风头，一汽集团旗下所有品牌车型共售出 8435 辆，同比增长 32.87%，红旗品牌一度突破 1000 辆，同比增长 435%。（政府 + 企业）

第五，一汽集团计划进驻网约车市场，并以汽车销售为集团主要战略发展思想，长春市交通运输局对此予以充分肯定。（企业，2019.11.21）

第六，市场监督局提出建立健全“汽车销售合同”在汽车销售企业中使用，此次会议的主要目标是完善汽车销售市场的规范秩序，更好地保护经营者、消费者所享受的合法权益，推动促进长春市汽车销售市场的健康发展。同时进行汽车行业职业技能竞赛销售服务决赛。（政府，2019.10.30）

第七，智能互联，林田远大展位的“5G + 汽车智慧展厅”让观众们大开眼界。采用先进的运营新功能和面貌，玻璃屏幕、橱窗显示屏、迎宾机器人、VR 虚拟驾驶汽车智慧展厅，一改传统的 4S 店销售模式，展现出智能科技核心。（企业，2019.7.18）

第八，商务局主动走访调研汽车销售企业，了解汽车销售行业的产销形势，加强对汽车销售企业销售的跟踪指导，及时掌握全市汽车销售企业社会零体积变化，促进长春市零增长量。（政府，2019.4.3）

第九，长春交警开展了“只跑一次”业务活动，计划 2018 年继续扩大邮局、二手车交易市场、汽车销售 4S 店等一批汽车驾驶管理服务网点的建设，实现各城区服务交通管制网点的合理布局，进一步缩短服务半径。（政府，2018.5.10）

第十，长春综合保税区国际汽车城，设置平行进口汽车销售、汽车服务、银行、保险、车管所、税务等服务于一体。（政府，2017.11.21）

（3）三个城市政府文件对比。

由图 3－5 可知，三个城市之中，长春的文件数量最多，其次是柳州，最后是重庆（资料来源附录在最后）。说明政府在政策上的支持，无论是文件总数还是针对汽车销售的直接政策，柳州都落后于长春，这是政策完善和政策相对不完善的区别。

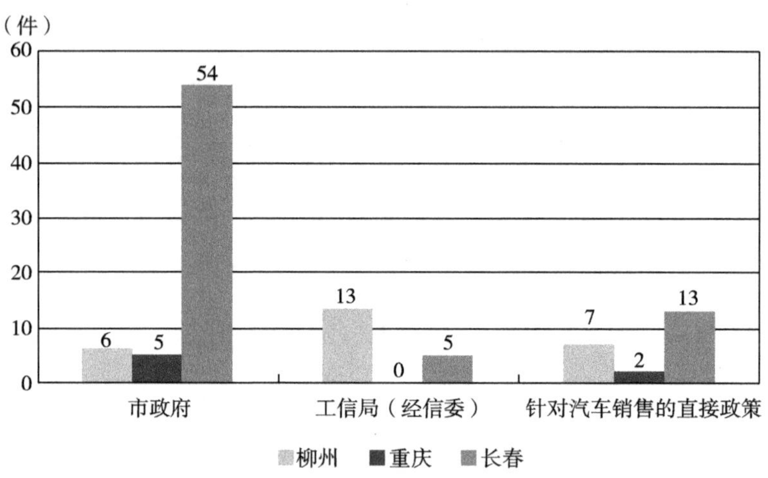

图 3-5　2017～2020 年市政府及市工信局（经信委）文件数

如表 3-22 所示，长春市政部门给予的政策支持更加全面，思考更周到；柳州涵盖了一部分，基础政策完善，但不全面；重庆则相对较差，基础政策不完善，政策给予的便利较少。

表 3-22　政府文件所涉及的主要内容

柳州		
序号	内容	原因
1	推动"互联网+"汽车销售模式	推广网络销售
2	开展销售节	推动线下销售
重庆		
序号	内容	原因
1	推动新能源汽车销售	推动新型汽车销售

续表

长春		
序号	内容	原因
1	汽车品牌建设	树立良好汽车品牌形象
2	监督汽车市场销售	让消费者放心购车
3	汽博会	推广汽车功能
4	建设汽车城	集中降低销售成本
5	简化消费者购买手续	方便消费者购买

5. 对比分析

通过柳州市政部门所提供的销售技术服务和其他城市政府部门所提供的销售技术服务分析可知，柳州、重庆和长春三个城市市政部门发布的汽车销售技术服务政策支持中，重庆的特色最不突出，柳州居中，长春的特色最为突出。长春的政策支持包括了提供新型销售形式、推动销售展和购物节刺激汽车消费、给予消费者便利、强调保护消费者合法购车权益、降低汽车公司销售成本等，基本涵盖了在汽车销售技术服务中政府能提供的政策支持。柳州也提出了购车优惠、创新销售模式、降低销售成本、开展汽车消费活动等政策，但相对长春，则表现为力度不够、宣传不足、政策不够多，总体来说就是政策特色不明显。

发展程度的不同是造成这一差异的原因。长春自中华人民共和国成立之初便作为国家的汽车重城，中国第一辆自产汽车就诞生于长春，经过多年的发展、进步、完善，长春早已成为中国对外对内汽车产业的重中之重，国家政策的倾斜，政府制订发展计划都优先把汽车产业作为首要发展目标，通过多年的完善，汽车产业高度进步，汽车销售技术服务也达到整体完备、细节完善的水平。柳州是工业重镇，汽车产业起步较长春晚，由于地处广西，离首都远，获得的国家政策支持和资源比长春少，因此发展比较艰难。但柳州可以借鉴长春的发展经验，研究适合自己的发展模式，推出适应柳州自身发展的汽车销售技术服务政策。

6. 存在问题

基于网络调研及实地调研的分析，根据统计分析数据，反映出的信息建立政、企、消“三位一体”的数据分析模型，对政府文件、企业服务、消费者需求进行整合分析与判断，对不同阶段不同人群不同地域进行对比分析，研究发现以下的问题：

第一，政府部门给出的政策支持不完善，涵盖面较小。从对比可以看出柳州市政府部门提出的政策大致涵盖优待政策、加大配套产业投入、开展消费活动和推动外贸。而长春市政府部门在柳州市政府部门提出的政策的基础上多了推动销售技能竞赛、交通便利政策、降税购车、网络物联、加强监管等政策。可以看出相对而言柳州市政策上的涵盖不全，覆盖面小。

第二，汽车企业给予的消费技术服务不完全符合消费者的需求。从一定程度上来看，消费者需要的销售技术服务与企业提供的销售技术服务并不对等，在整体上存在服务差异，造成消费者服务感觉不好、企业服务过剩的现象。

四、改进建议及培育对策

通过对柳州汽车产业服务链中的五个主要部分，即汽车研发服务、汽车生产领域服务、汽车生产力与服务、汽车零部件企业技术服务、汽车产品销售技术服务进行调研，分析了目前主要存在的问题，针对这些问题，提出下列建议及培育对策。

（一）做好汽车研发领域服务体系规划

柳州市政府及工信局应该重视汽车研发领域的服务规划，做到研发服务项目梯度分布，做好研发技术引进、培育、发展、推广、淘汰、转型的规划，系统且具体设计各项工作的时间分布表，并实时根据不同阶段的调研结果进行评估，及时调整服务体系规划，避免出现尖端技术落后，落后产能未及时淘汰转型的局面，保持柳州市汽车研发服务领域的先进性。

重点做好汽车产业智能网络配套研发，智联网汽车将从根本上改变汽车结构，如转向伺服系统、制动控制系统等，这些改变将影响汽车配套产业的改变，同时也将改变汽车在整个交通领域的角色，柳州应尽可能地让柳州汽车产业成为今后新交通领域不可或缺的部分。新能源汽车研发配套服务，电动汽车重点改变电机、电池、电控氢能源技术研发配套；对于氢能源汽车的研发布局，应该将其作为储备技术，重点突破氢能源制备、储备、发动机技术，注重补缺大型汽车企业的技术盲点。

（二）转变柳州市政府政策服务方式，注重引进人才“保鲜”

柳州在汽车产业研发领域实际上在人才引进、项目服务、企业培育等方面进行了大量的工作，也出台了多项政策，但是在人才培养、服务人才方面略显不足。针对西部地区资金不足的短板，所采用的措施也没有取得很好的效果。可以适当考虑使用金融工具、采取混合所有制等多种形式扩大资金来源，更加灵活地为柳州汽车产业研发服务。同时建议学习广州建立一套完备的奖励政策，力争通过优质的生活配套、完善的综合服务，吸引高端专业人才、优秀战略合作伙伴集聚柳州。

注重引进人才“保鲜”，作为高端引进人才所隐含人力资源的培育已经引起了很多政府机构的重视，高端人才在相对落后的柳州工作将面临技术过时、研发氛围消失、领先优势逐渐丧失的困境，要创造机会将引进与先进的科研氛围结合，保障引进人才资源优势，实现其增值“保鲜”，延长引进人才的科研寿命，长久保持柳州技术研发整体能力。

（三）实现由合作研发向竞争式研发模式转变，加大汽车研发服务投入

柳州企业可以学习上汽和一汽实施强强联合，优势互补的经验，提高汽车研发质量；也可学习广汽与国外企业合作，在保存自身品牌特色的基础上，加强自身汽车的研发，同时结合柳州汽车产业体量不够大，且具有一定柔性转型能力的特点，重点在新能源汽车多样化方向上与国内先进汽车企业展开竞争。

建议柳州发挥汽车产业在商用车上的优势，积极与各个汽车企业联合，尤其与世界汽车强国建立公共研发合作，抓住国际商用车发展契机，利用本地企业设计转型能力基础好的优势，将柳州本土由设计实现制造产品的能力，转变为产品竞争平台，发展与中东、东南亚市场结合紧密的商用车车型，建立有特色的外向型研发服务体系。

（四）逐步形成开放的生产信息系统，建立特色突出的产品检测服务中心

首先，建立汽车大企业与零部件配套企业的生产信息系统，保证企业内部精益生产顺利进行；其次，在柳州共享生产管理信息；最后，逐步与就近区域实现信息共享，逐步以信息开放为源头，提升柳州汽车企业产品生产的柔性体系。选取有一定前瞻性的汽车产品检测服务为重点，如电动汽车检测服务、氢能源汽车检测服务等。建立特色突出的产品检测服务中心，实现特

色换合作，合作求发展的良性循环，进一步扩大柳州与汽车发达地区的合作共赢。

柳州汽车产品生产信息服务特色主要体现在：第一，重点突出零部件整体效果检测信息服务；第二，氢能源汽车发动机台架检测信息服务；第三，关键零部件台架综合检测信息服务。

（五）建立内部激励与市场交换相结合的知识产权发展机制

在汽车企业内部适当鼓励科研人员及企业员工进行发明创造，增强企业知识产权意识，培育企业参与科研活动氛围，建立知识产权来源渠道。对外设立知识产权交换市场，鼓励企业以知识产权换利润，以知识产权提升企业竞争能力，构建企业知识产权不断涌现的发展机制。交易平台的具体运作方式可以采用：第一，资本交易形式；第二，债券交易形式；第三，期权交易形式；第四，股权交易形式。

（六）以汽车整车升级为契机，调整优化汽车零部件企业分布

新能源汽车是柳州汽车产业未来的发展方向，也会由此带来汽车零部件企业的更新换代，要抓住新工业园建设的机遇，及时优化调整汽车零部件企业分布，形成柳州区域汽车零部件企业整合升级、柳州区域内外优势互补的新局面。逐步调整汽车零部件仓储企业与零部件生产企业的位置，新建汽车零部件仓储部门注重对企业的辐射作用，形成有利于企业物流交通、有利于中小企业参与、有利于外向零部件企业交流的新布局。重点设计商用车、微型乘用车车型零部件企业辐射分布布局，集中研究电动汽车车架改造零部件企业培育与服务，将电动汽车向氢能源汽车过渡作为汽车零部件企业规划的一部分。

（七）建设轨道交通，提升新工业园区物流水平

柳州市柳东新区工业园汽车零部件生产企业正在逐步形成聚集效应，建设相应的轨道交通有助于提升企业间的物流水平，同时加速柳州汽车零部件企业的信息流的建设，积极营造良好的投资环境，吸引外来企业投资，提高零部件产业竞争力，需要提高整车产品竞争力，扩大柳州汽车行业市场占有率，优化市场定位。综合利用轨道交通定点运输的效率优势，构建工业园区的精细化、“毛细血管”式物流，打造国内24小时到达、国际72小时到达的运输通道，形成“主动脉”与“毛细血管”相结合的机体化物流体系。

（八）加大对汽车销售技术服务的政策支持，细化汽车企业销售技术服务细则

参考长春的政策制度来制定适合柳州的政策制度。例如：开展柳州自己的汽博会，宣传推广本地汽车企业，引进外地汽车企业；政府部门简化购车手续，监督汽车企业执行应有的销售技术服务责任；推动汽车企业建设品牌形象。细分不同的技术服务需求，将技术服务细致分层，对不同客户给予不同组合的技术服务，及时收集客户反馈并改进；执行好企业应尽的销售技术服务责任；配合政府部门建设属于本企业的品牌形象。

参考文献

［1］綦佳，王海燕，宗刚．服务链理论研究［J］．北京工业大学学报

（社会科学版），2006，6（04）：22－25.

［2］綦佳．北京市汽车服务链布局研究［D］．北京：北京工业大学，2008.

［3］耿立校，徐静娟．基于顾客保留的汽车服务链整合［J］．物流科技，2016，39（10）：49－50＋76.

［4］黄劲．广西汽车产业发展与创新［M］．南宁：广西人民出版社，2011.

［5］上汽通用五菱．“新四化”引领上汽通用五菱蜕变突围［DB/OL］. https：//www. sgmw. com. cn/news_ detail. html？id＝2696，2020－01－21.

［6］广州市信息与工业化局．广州将打造“世界级汽车硅谷”［DB/OL］. http：//gxj. gz. gov. cn/yw/gzjj/content/post_ 2601112. html，2019－04－12.

［7］广汽集团．国家企业技术中心最新评价公布，广汽全球第六行业第一［DB/OL］. https：//www. gac. com. cn/gw/xwzx/qydt/20191230/detail－17791. shtml，2019－12－30.

［8］广汽集团．2018年海外招聘正式启动，广汽集团赴欧洲招募海外人才［DB/OL］. https：//www. gac. com. cn/gw/xwzx/qydt/20180612/detail－13963. shtml，2018－06－12.

［9］广汽集团．创新驱动自主腾飞——广汽集团自主创新驱动发展大会隆重举行［DB/OL］. https：//www. gac. com. cn/gw/xwzx/qydt/20160728/detail－13817. shtml，2016－07－28.

［10］綦佳，辜婴．基于汽车服务链理论的北京市汽车服务业发展研究［J］．商场现代化，2006（18）：218.

［11］汪凝．政府公关对企业的作用［DB/OL］. https：//wk. baidu. com/view/d90656c00c22590102029d0f？fromShare＝1，2019－01.

［12］重庆市人民政府官网．股份制改革意义是什么？公有制企业搞股份制改造有什么意义？［DB/OL］．http：//m. southmoney. com/caijing/gushipinglun/201811/2713534. html，2020.

［13］万雪飞．2019汽车零部件企业双百强名单出炉，产业呈现新格局［DB/OL］．https：//www. lanjinger. com/d/122625，2019－09－19.

［14］广西柳州投资促进局．柳州市推进汽车机械零部件再升级改造若干意见（柳政发〔2017〕40号）［DB/OL］．http：//cx. tzcjj. liuzhou. gov. cn/.

［15］彭涛．奔驰汽车销售服务顾客满意度提升研究［J］．财富时代，2019（11）：54.

［16］乔砚．省、市、区携手支持、服务一汽营造中国最优汽车产业发展环境［DB/OL］．http：//www. changchun. gov. cn/zw_ 33994/yw/zwdt_ 74/jjdt/201911/t20191108_ 2042125. html，2019－11－08.

第四篇　柳州市推进“大众创业、万众创新”策略研究①

一、绪论

“大众创业、万众创新”（以下简称“双创”）是党中央、国务院在新形势下为促进经济平稳发展做出的重大战略部署（何立峰，2018）。近年来，“双创”事业获得空前发展，催生了数量众多的市场新生力量，成为壮大发展新动能、缓解就业压力、促进公平正义的重要推手。

（一）“双创”的内涵

“双创”是一个典型的新生事物，它不仅改变了人们对于创新创业的理解和看法，也驱使各地政府开始审视那些不适应信息经济时代和不利于创新

① 管仕平、陈立鸣、李明，广西科技大学经济与管理学院。

创业发展的环境（王昌林，2018）。“双创”不仅是推动社会大众参与创新创业，更是对已有经济发展模式、社会创新方式的系统变革，在此过程中，离不开全面深化改革。所以，“双创”实质上是一个改革，强调政府的自我革新，着眼于用创新的方法激发市场活力，是理顺政府和市场关系的一次升华。

正确把握“双创”的核心在于理解“众”和“创”的关系，“众”是广大人民群众，“创”是创新创业（王昌林，2018）。一方面，“众”是“创”的载体，创新创业活动的开展需要广大人民群众通过各种途径投身其中，最大限度地激发人民群众的创新创业活力，合理利用人力资源；另一方面，“创”是“众”的最终目的，广大人民群众通过创新创业活动，改造传统行业，推动社会经济发展，将个人的发展融入社会创新创业的潮流中。

（二）“双创”的意义

1. “双创”推动社会经济发展

在当前复杂的国内外经济形势下，鼓励全社会进行“双创”活动，提高社会整体创新创业活力，不断推动中国社会经济从要素驱动转向创新驱动，有利于应对诸多影响经济发展的不确定性因素（王海燕和郑秀梅，2017）。自进入新时代以来，我国经济实力不断增强，但以资源、人力等要素驱动为主的传统经济发展模式遭遇发展“瓶颈”，一二三产业发展结构不平衡。因此，我国经济结构亟须调整与优化，培育发展新动能，高质量经济发展需要现有产业转型升级与新兴战略型产业共同发力。创新创业是支撑经济高质量发展的重要动力，一方面有利于带动社会投资，创造更多就业机会和社会财富（洪银兴，2013）；另一方面能有效推动传统企业转型升级，带动相关产业发展。

2. “双创”缓解社会就业矛盾，增强社会资源流动性

“双创”具有岗位创造效应，“双创”的发展有利于增加新注册公司数

量，从而产生许多新的岗位和新的就业方式，满足广大社会劳动者的就业需求。从社会层面而言，“双创”的发展有利于将巨大的人口压力转化为社会经济活动发展所需要的人力资源，帮助就业者实现更充分、更高质量的就业，贯彻落实国家“稳就业，促民生”的政策。更重要的是，“双创”的发展有利于社会构建公平环境，给予更多人向上流动的机会和通道，不断推动社会阶层结构优化和社会资源流动，缩小社会贫富差距。

3. “双创”是推动供给侧结构性改革的重要体现

供给侧结构性改革的主要任务与“双创”的繁荣发展相辅相成，互有重叠。“双创”作为推进供给侧结构性改革的重要举措和抓手，在激发全社会创新创业活力，推动产业迈向中高端水平和形成便利创新创业的制度环境等方面发挥了重要作用（王昌林，2018；王竞一，2020）。“双创”既可以大幅增加有效供给，增强微观经济活力，加速新兴产业发展，又可以扩大就业、增加居民收入，还有利于补短板、育动能，是经济发展的重要新动能和新引擎。可以说，“双创”既创造新供给，又引发新需求，既在服务业大显身手，也在制造业彰显威力，既是小微企业成长之路，又是大企业兴盛之道，是推动供给侧结构性改革的重要体现。

二、柳州市“大众创业、万众创新”发展成效

自国家出台“大众创业、万众创新”相关政策以来，柳州市政府各部门深入实施创新驱动发展战略，大力贯彻落实国家和广西壮族自治区下发的各项举措，创新创业活动总体发展平稳，市场创新主体活力不断增强，为推动

柳州市“双创”高质量发展、打造“双创”升级版提供了有力支撑。

（一）柳州市“双创”环境

良好的发展环境对“双创”的有效推进具有重要作用，为强化实施创新驱动发展战略，柳州市政府和各级部门做出一系列重大决策部署，从营商环境、人才政策、科技成果转化和文化氛围四个方面持续改善创新创业环境。

1. 持续深入推进“放管服”改革

为贯彻落实国家和广西壮族自治区关于优化营商环境改革部署等精神和要求，柳州市政府持续深化“放管服”改革，推动政府职能深刻转变，优化营商环境，全力服务市场主体增长。2019 年，全国首个商事服务综合改革示范区落户柳州，柳州市全面推行“证照分离”改革和企业注销便利化改革，有效解决了企业“准入不准营”和“进门容易出门难”的问题。在企业登记审批环节，290 项政务服务事项实现全城通办，企业开办时间压缩至 1 小时，满意率达 99.82%。通过一系列改革措施，有效降低了企业的时间成本，激发了市场活力，市场主体逐年增加（见图 4－1），截至 2019 年底，柳州市登记注册的市场主体达 29.45 万户，增长 20.6%，高于全区平均水平 9 个百分点。

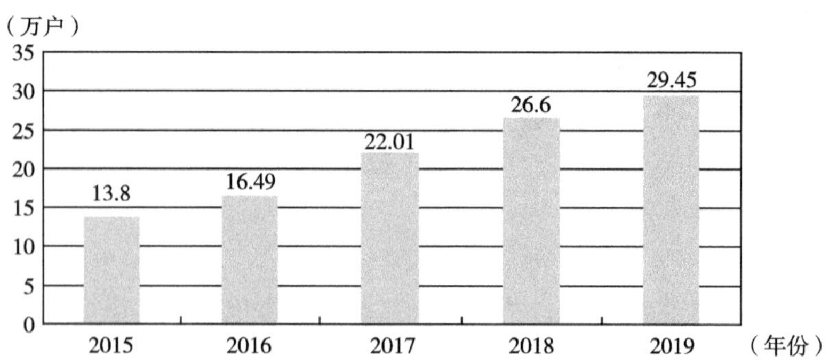

图 4－1　2015～2019 年柳州市市场主体数量

2. 建立健全人才激励机制

2019 年，柳州市政府发布了《柳州市关于加快新时代人才集聚的若干措施》，深入实施“人才强市”战略，大力集聚创新创业人才。柳州市根据自身产业的发展情况，制定人才分类标准，并根据标准对不同层次的优秀人才和团队给予相应的资金补助，同时，进一步强化人才培养和集聚能力。集中开展“优秀人才接触柳州计划”“中国博士后科技服务团广西柳州行”“第三届广西汽车产业转型升级问计专家暨‘双百人才工程’专家柳州行”专题宣传等一系列活动，以促进产学研合作与交流，全力引进一批高层次人才到柳州发展，已引进一批高层次人才和团队。

3. 推动科技成果转化

当前，经济发展进入新常态，科学技术迅猛发展，科技创新不断改变着人们的生产生活方式。为贯彻落实国家和自治区关于科技成果转化的方针政策，提高科技成果转化率和社会效益，柳州市政府出台了《柳州市科技创新支撑工业高质量发展行动方案》《柳州市促进事业单位科技成果转移转化的若干规定》等鼓励企业科技创新、推动科技成果转化转移的政策方案，2019 年柳州市各区县科技成果转化实际完成项目数 146 项。

4. 营造良好的创新创业文化

创新创业文化建设是创新创业升级发展的重要组成部分，为营造更加浓厚的创新创业文化氛围，柳州市政府各级部门组织开展了“互联网 +”大学生创新创业大赛、“创青春”中国青年汽车行业创新创业大赛、“双创”活动周等一系列创新创业活动，积极为创新创业者提供全方位服务，激发全社会创新创业活力。通过已启用 7 年的柳州大学生创业园实施“一园多基地”发展战略，结合区位产业优势、产业布局和高教资源，全面推动大学生创业园向“引进孵化出让再引进”的循环模式运转，形成政学研产开放合作格局。

一系列的创新创业比赛组委会专门设置投资评审团，面对面推动优质创新创业项目与政府、企业、科研以及金融界之间的无缝对接，为科技创新和成果转化提供全方位的支持与服务。

（二）柳州市“双创”平台

柳州市结合本地产业发展和空间布局，以“双创”平台建设为突破口，形成“双创”规模效应。依托高校、科研院所和企业，积极培育自治区及国家级创业创新空间，建设具有柳州市“双创”发展特色的各类创新创业平台。

1. 以大企业为主导的“双创”平台

柳州市率先在全国推动大中小企业融通发展，推动传统工业城市转型升级。作为广西最大的工业城市，柳州市拥有上汽通用五菱、柳钢集团、东风柳汽、广西汽车集团、柳工集团等大企业以及围绕大企业的上下游供应链配套企业。2017 年，柳州市开始启动新一轮的零部件再提升工作，推动大企业集团组建六大零部件提升平台，依托本地大企业的技术、市场和规模化生产等优势，建设了“众创空间—科技企业孵化器—加速器”的创新链条，形成以大企业为主导的创新创业生态平台。目前，柳州市围绕大企业已建立科技孵化器 4 家，入驻孵化企业 34 家。通过大企业创新创业生态平台，能有效激励企业内部研发人员开展创新活动、吸引外部优秀创新团队集聚，聚拢生态体系内的中小企业，整合高校和科研院所的智力资源以及外部金融资金，有力地推动了柳州市产业转型升级和培育高新技术产业。科技部火炬中心认为该发展模式具有一定的借鉴性，可作为典型经验在全国推广。

2. 中小企业孵化园

柳州市科技型中小企业孵化园于 2017 年获得国家小型微型企业创业创新

示范基地称号，已建成标准厂房16万平方米，入驻企业达145家，年产值超过5亿元，创新创业就业人员达3000多人，构建起覆盖创业企业全生命周期的服务闭环，形成了“创业苗圃—孵化器—加速器”的完整孵化体系。

3. 高校“双创”平台

（1）广西科技大学——启迪K栈众创空间。

广西科大校园启迪K栈众创空间于2016年9月26日正式启动运营，2017年被评为自治区级众创空间，通过打造六步创业孵化体系，大力扶持校内创新创业项目，帮助大学生创业者提升创新创业专业知识和技能，在大学校园打造“双创”孵化实践平台。该平台整合高校、企业和政府机构等各类资源，为在校创业者提供创新创业场地、科研成果转化、知识产权申报、工商注册等系统性创新创业服务。

（2）柳州城市职业学院——柳州大学生创业园文创孵化基地。

2019年4月18日，柳东新区与柳州城市职业技术学院合作建设柳州大学生创业园文创孵化基地，弥补柳东新区文化创意专业性孵化平台空白。基于柳州高新技术创业服务中心国家级科技型孵化器“双创”孵化服务体系，结合院系专业特色，聚焦文化创意产业，孵化文化创意企业，弥补了柳州市大学生创业园文化创意专业性孵化平台的空白。

4. 贫困地区“双创”微车间

柳州市率先在全国创建“双创”微车间，为贫困地区创新创业提供扶持。柳州市结合精准扶贫政策，出台了一系列就业创业帮扶政策，联合农村贫困地区打造了微田园、微市场、微车间“三微”平台，解决贫困地区劳动力就业创业问题。实施以“百企百村百微”为核心的三百扶贫共建计划，组织100家以上企业，结对帮扶100个行政村，建设100个以上微车间，从而促进企业可持续发展，带动乡村经济同步发展，进而解决了企业发展创新、用工困难、转移就业、贫困人口脱贫等问题。截至2019年，已建设微车间61个，提供了3000多个就业岗位。

5. 小微企业公共服务平台

柳州市率先在广西打造专业化小微企业公共服务平台，探索为创新创业活动培育专业化服务平台、打造标准化服务产品。一是建设“柳创汇”创业创新云服务平台，为小微企业提供政策、资金、培训等创新创业信息，并通过互联网系统，将平台服务延伸至线下平台基地，实现线上线下相融合的服务模式。二是建立线下服务平台和服务评价标准，评定了一批小微企业创新创业公共服务平台，并组织平台为小微企业提供标准化服务。三是成立小微企业创新创业服务联盟，会聚了200余家专业服务机构、行业协会等。四是成立小微企业工作站和园区服务站，为小微企业提供信用融资、大数据等服务，目前已建立7个工作站和5个服务站。五是打造创新创业服务链，联合156家服务机构推出300多项标准化服务产品，涉及服务事项1000项。

（三）柳州市“双创”金融财政支持

柳州市政府在财税和金融方面出台了一系列政策，为推动柳州市“双创”进一步发展提供了有力的资金要素保障。

1. 设立投资引导基金，支持企业创新创业

为更好地扶持初创企业的发展，柳州市推动设立创新创业专项基金，出台了《设立创新创业投资引导基金实施方案》，设立了3个亿规模的母基金，对创新创业企业给予资金支持，启动“双创”基金子基金管理工作，加快与大数据子基金、北城中车子基金的合作，合计投资规模可达9亿元，进一步提高“双创”基金的投资放大作用和投资力度，扩大小微企业受益范围。

2. 设立融资担保公司，解决资金短缺问题

柳州市政府牵头设立小微企业融资担保公司，推出了入园保、设备保、

商圈贷、供应链贷等信用融资担保服务和信贷产品，主要解决企业融资难的问题。截至2019年，累计为中小微企业及个体工商户提供了22.77亿元的创业担保贷款，扶持企业实现销售收入115亿元，安置职工1.7万人，实现利税4.77亿元。

3. 落实税费减免，实现均衡普惠发展

建立健全积极有效的税费减免政策落实协作机制，从宣传辅导、优化服务、督导检查、调查分析着手，全力落实小微企业税费优惠政策。2016～2018年小微企业累计享受减免48.53亿元，平均减税2.67万元。此外，向自治区税务局争取了关于在螺蛳粉制造业试行农产品增值税进项税额核定扣除办法，进一步减轻螺蛳粉生产企业在产业化、规模化发展过程中的资金负担。

三、柳州市“大众创业、万众创新”发展存在的问题

（一）柳州市众创空间存在的问题

1. 众创空间概念模糊，界定不一致

随着“双创”的不断推进，众创空间逐渐出现在大众视野中，作为创新创业活动的重要载体，众创空间为创业者提供了全要素、专业化的创业服务，但目前仍然有很多人对众创空间存在认识误区，对众创空间的实际内涵界定不一，简单地认为众创空间就是创业者聚集地、初创企业办公室等（潘峰，2017）。认知错误不利于创业者充分利用众创空间的各类功能，反过来众创

空间也不能为创业者提供精准的创业帮扶和指导，影响众创空间得到进一步的发展，长此以往，形成恶性循环，不利于创新创业要素在众创空间集聚发展。

2. 众创空间认定管理方法不清晰

柳州市颁布《柳州市支持科技企业孵化器和众创空间建设发展办法》，从官方层面确定了众创空间的认定方法，但是对涉及众创空间核心功能的创业培训和创业咨询指导人员资质等的规定不明确，由于缺乏专业水平较高的众创空间管理运营团队，众创空间入驻企业不能得到专业的创新创业指导，导致创业资源浪费，实际效果大打折扣。

3. 众创空间盈利模式单一

众创空间在国内发展时间较短，在盈利模式方面尚处在探索阶段。目前，柳州市众创空间的主要盈利来源是收取工位租金和政府资助，存在一部分众创空间允许项目团队和企业免费入驻（刘海明，2019）。但就众创空间的发展特点而言，众创空间的核心价值不在于提供创新创业场地，而且入驻众创空间的项目团队和企业一般处于创业前期，存在资金紧张的问题，高额的场地租金并不符合目前众创空间的发展。

4. 众创空间质量参差不齐

柳州市众创空间的快速发展，给该行业造成了一定程度的泡沫化倾向，众创空间的数量快速增长，但运营质量参差不齐。柳州市科学技术局的数据显示，截至 2020 年 3 月，柳州市共有 85 个众创空间，其中 67% 属于市级众创空间，通过进一步分析可以看出，大部分众创空间明显存在同质化严重问题，而且自成立之后就没有相关的发展后续报道，众创空间有名无实。除此之外，柳州市一部分众创空间仍处于模仿和追随阶段，未根据柳州市经济发展特点和“双创”发展情况科学布局众创空间。

（二）柳州市创新创业教育存在的问题

1. 创新创业教育师资力量薄弱

大学生参与创新创业活动，受自身认知水平和资源整合能力的限制，往往需要经验丰富的“教学 + 商业实践”双栖教师指导其完成创新创业项目（温美荣，2018）。从目前的情况来看，柳州市高校同时兼具这两种能力的创业导师数量较少，大部分老师对“双创”的认识仅停留在学术研究阶段，缺少商业实践对创新创业理论知识的有效补充。因此，有意愿从事创新创业活动的大学生不能得到及时、科学的创新创业指导，大学生从事创新创业活动的需求不能得到满足，极大地削弱了大学生的创新创业热情。除此之外，具有丰富的创新创业指导经验的导师，通常只能服务于一所学校的创新创业活动，不能实现优质教师资源“共享”，造成优质“双创”导师资源利用率偏低。

2. 高校创新创业课程针对性不足

受国家和地方政策的影响，虽然高校会给在校大学生开设创新创业课程，但大部分高校的创新创业课程都是选修课，课程内容随意性较大，没有充分考虑本校“双创”活动的发展和学生的实际情况，不能真正满足有创业想法学生的实际需求，最终导致学生不重视创新创业课程，部分老师也存在上课随意、授课方式枯燥的问题（雷德雨，2016）。各高校针对各类创新创业比赛进行的创新创业培训，受课程内容和课程时长的影响，很难保障创新创业教育的实际效果。此外，高校创新创业课程缺乏客观系统的课程效果评价指标体系，不能及时对创新创业课程质量以及老师的授课方式做出改进。

3. 高校创新创业培养氛围不浓

高校通过新闻报道、举办创新创业比赛、参观“双创”园区等方式来宣传“双创”活动，但实际影响效果仍然停留在小范围具有创新创业意愿的学生中。同时，高校创新创业硬件设施不完善，比如高校内缺少创新实验室，共享设备较少，导致大学生参与创新实践的机会较少。此外，大多数高校还没有设立专门的创新创业教育教研室，也没有设立创新创业教育专项资金，即便在设立专项资金的高校中，资金投入也相对较少，难以满足创新创业教育研究和实施的工作需要（史文晴和匡瑛，2020）。

四、柳州市推进“大众创业、万众创新”的对策

（一）进一步完善柳州众创空间发展战略

1. 通过政策落地，提高现有平台的资源利用率

柳州市政府应该鼓励龙头企业、高校、科研院所建设一批平台型众创空间，引导众创空间专业化、精细化升级。支持盘活闲置和存量资源，改造建设创业孵化基地、建设创投孵化器等新型孵化器，探索科技企业孵化器管理服务体系（刘新民等，2019）。经过三年的努力，柳州市科技“双创”平台从寥寥几家快速增长至123家。其中，国家级科技企业孵化器1个、自治区级科技企业孵化器8个，国家级众创空间3家、自治区级众创空间25家、市级众创空间57家，如图4-2所示。柳州众创空间的快速发展也暴露了国家级项目较少、项目的成果转化率不高、能级较低等结构性问题。如何落实“双创”政策，增加国家级众创空间数量，建设高质量、高转化率的“双创”发展环境成为柳州亟须解决的问题。

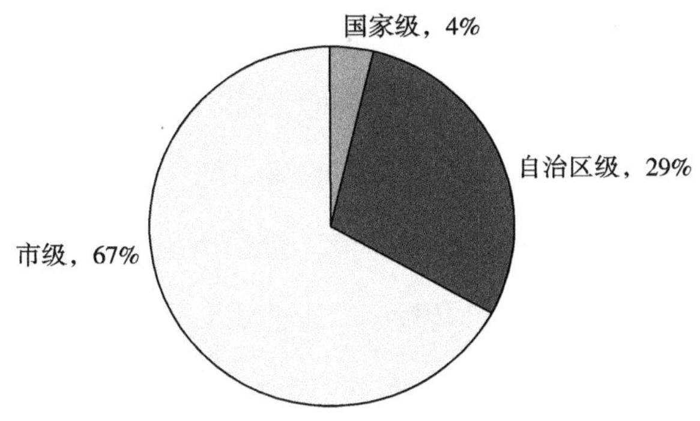

图 4-2　柳州市众创空间等级结构分布

柳州市应对现有的社会资源进行整合，充分利用高校社会平台资源，优化和改进目前实施的运营机制和业务模式并对其进行推广应用。同时，在柳东国家高新技术产业开发区等柳州市“双创”资源丰富的地区，增加众创社区建设，引入各行各业的尖端人才，弥补柳州市高质量人才资源的不足。鼓励社会主体自主展开创新创业活动，例如本专科学校的师生、科研所的技术人员、企业创业者等通过现有的组织模式形成多元化、多主体创新的“双创”局面。

2. 储备各类人才，培育集聚化的“双创”群体

人才储备已经成为城市发展的基石，柳州市地处西部地区，对高端人才的吸引力相比东部地区较差。因此，人才储备战略的制定需要更加符合柳州市的发展需要和区位特点。2019 年，柳州市举办了第七届柳州大学生创新创业大赛，共收到参赛项目 177 个，参与人数超过 2000 人，展示的创新创业成果既涉及汽车、工程机械等传统工业领域，也有对“互联网 +”、信息技术、生态农业、文创科技、智慧医疗、人工智能等新兴领域的大胆创新。目前，柳州市举办的创新创业大赛影响力较小，参赛人员主要是由市内高校组成，缺乏与国内双一流高校的合作。因此需要增加具有全国性的“双创”比赛项

目在柳举办的机会。通过大型比赛吸引各地各行业的尖端人才来柳参观、就业、创业，提升柳州市知名度，改善柳州市创新创业的人才环境。建立“双创”人才数据库，在“双创”人才数据收集、统计的基础之上，对“双创”人才的专长、能级等方面进行精细划分，进而有利于将工作重点放在强化“双创”人才作用上（刘海明，2019）。通过对人才的精细划分，搭建专业人才与众创空间之间的桥梁，充分发挥他们的专长。对于柳州市本地创新人才资源，市级机构举办专业培训、讲座等活动，将其转变为创业人才。

3. 以效能促氛围，实现众创生态的进一步优化

创新创业大赛中脱颖而出的项目、人才均是值得培养和挖掘的资源，应该鼓励他们在柳展开创新创业活动。筛选优质的双创项目重点发展，树立为典型代表，有利于营造出良好的氛围，将柳州市的创新创业影响力扩大至全区乃至全国。为发挥典型代表的作用，柳州市应该在众创空间的后续发展中，加大媒体宣传投入力度。通过在微信公众号等网络平台上发布“柳州众创空间地图”“柳州创客指数”“柳州双创成果展示”等信息，吸引全国各地创新人才和创业者入驻柳州。同时，充分利用数字柳州平台，整合线上、线下资源，建立完整的“双创”宣传传播系统，打造具有柳州特色的众创空间。积极出台相关政策，推动不同行业人才的跨界合作，鼓励高校、企业等社会“双创”载体举办创业经验分享大讲堂、创新创业培训营等活动。将北京、上海、深圳、杭州等“双创”发展较好城市的可取经验与柳州市的实际情况相结合，丰富柳州众创空间的发展模式。

4. 秉承政府引导、市场主导的理念，做到各尽其能

目前，实施的众创空间项目大多数是在市场需求导向下催生的，例如北京中关村创业大街类似的大型众创空间项目，也是市场发展的需要。在市场经济背景下，众创空间建设在遵循市场发展规律的同时也需要发挥政府的作

用。因此，柳州众创空间的建设，一方面要考虑市场的需求，坚持开发具有市场导向性、应用性的“双创”项目；另一方面需要发挥政府的管理作用、领导作用和沟通协调作用，以规范众创空间的发展模式（谢守红，2019）。

积极开展政策解读专题宣讲活动，向众创空间的参与成员以及未来可能参与众创活动的人员普及相关知识，使众创空间的基本概念、发展方向、提供服务的职能部门等信息更加清晰化。同时，增加各专业的培训讲座，明确各行各业市场发展的需要，在遵循创新创业规律的前提下，鼓励社会“双创”载体发展形式多元化的创业项目。审批部门要严格把控项目质量，对发展潜力大、市场前景好的项目给予政策和资金支持，引导高质量项目做大做强。柳州众创空间联盟于 2017 年成立至今，从初始参与的 40 家众创空间单位到目前的 85 家，数量上有了快速提升，但是联盟产生的合作效果并不显著。应发挥政府组织领导和资源协调能力，建立众创空间联盟信息系统，将联盟成员的组成结构、发展情况、资源拥有量等信息共享，以便于不同成员之间相互合作取长补短。积极探索互联网时代下政府与市场新的结合方式，共同推动柳州市创新创业生态环境建设。

5. 完善创新创业公共服务，形成产业导向

众创空间健康高效发展的关键在于政府公共服务、“双创”环境、管理制度三个方面。首先，柳州市需要解决的是公共服务的优化问题，完善现有的创新创业服务内容，引导和激励市级及以上的创新创业平台资源向社会创客群体开放。其次，建立网络化的服务系统，提供优质信息服务的同时营造出鼓励创新创业宽容失败的“双创”环境，将社会的“双创”氛围变得更加和谐。最后，在管理制度方面，柳州市政府应该实施积极的简政放权措施，建立“一站式服务”“一证多用”等管理模式，减少不必要的审批环节，切实做到简洁高效办公，增强创新创业群体的积极性。

柳州市在推进上汽通用五菱工业物流园、高端装备制造产业园、中小企业孵化园等产业发展平台建设的同时，积极鼓励更多的龙头企业加入孵化平台创建工作中。众创空间可以通过孵化平台借助企业的资源，满足项目发展对资源的需要，也可以将众创空间的发展成果共享至企业，推动企业与众创空间的良性发展。

（二）探索柳州地方高校创新创业教育模式

1. 积极转变观念，强化创新创业理念

推进大学生创新创业关键在于转变教育教学观念，柳州高校领导必须高度重视顶层设计，整合各职能处室的职责，明确牵头处室，制定年度工作目标及长远目标（宋跃芬等，2020）。同时，成立创新创业学院，以培养高素质人才为目标，以学科竞赛、创新项目、实践基地建设为基础，以参与科研、各级各类大赛、实验实训为依托，构建创新创业实践体系。同时，地方高校应广泛吸引社会资源，与企事业单位、科研院所、地方政府开展深入合作，提供多元化的创新创业教育。

2. 构建教学体系，加强创新创业教育

高校要重点发展创新创业教育，将其真正纳入到人才培养方案中，以完善创新创业课程体系为努力重点，包括创新创业理论课程、方法课程、技能课程等，构建科学化、专业化、一体化的创新创业课程体系，并鼓励教师编写相关的教材，包括创新创业案例分析、创新创业策划书典例等。同时，要切实以学生能力提升为中心，鼓励教师积极进行授课方式、教学方法和考核方式的改革，充分激发学生对“双创”的积极性，拓展创新思维。此外，地方高校应加快实验室开放进程，为学生提供一个完善的实践平台，使学生学、习、练一体化的在线学习需求得到满足；同时，积极成立众创空间、创业孵

化站和创业园区等创新创业平台，使学生得到更多的创新实践机会，从而提升创业竞争力，增加创业信心。

3. 营造良好氛围，激发创新创业热情

相关学者研究表明，高校教务管理部门、学生管理部门、就业指导部门一致认为营造良好的创新创业氛围是当前高校最紧要的工作。一是要利用好媒体作用，通过新闻报道、专题报道等宣传创新创业政策、成功创业人士、创新创业策略等。二是要发挥好网络优势，建立专门的网络平台、微信公众号、QQ 交流群等，随时发布相关新闻和消息、介绍创新创业故事、开展系列知识讲座、开通专业帮扶热线。三是要抓好杰出校友主阵地，开展高校交流、进行政策宣传、创办创业大讲堂、举行创新创业大赛等，营造良好氛围，使学生更全面具体地了解创新创业，从而激发“双创”的积极性。

4. 完善保障机制，加大政策落实力度

地方高校要落实创新创业教育，将其纳入人才培养方案中，贯穿到课堂和实践中。为提升学生“双创”能力，防止方案流于形式，必须制定详尽的实施细则，搭建系统的教学实践平台，构建完善的质量监控体系。国家、省厅精心制定政策，给予经费的同时，高校作为主阵地，需积极响应，制定相关激励政策和保障制度，从根本上激励教师主动投身创新创业教育工作、调动学生对于创新创业活动的兴趣、激发有关部门举办相关活动的动力，促进企业积极为“双创”提供资金支持，提高创新创业的成功率，免除学生、家长、教师、企业等多方的后顾之忧，真正使大学生群体成为“大众创新、万众创业”的主力军。

（三）探索柳州“双创”导向型产业发展服务模式

1. 解决“双创”产业融资问题

融资一直是限制“双创”发展的关键点，解决融资问题的根本在于推动社会资金的流入以及提高“双创”项目的盈利能力。建立“双创”信用评级卡，将“双创”企业和项目的市场表现、负责人信用情况、能级等方面纳入信用考核。发挥政府桥梁作用，引导金融机构根据“双创”信用评级情况开展信贷合作。该措施一方面激励“双创”企业和项目的负责人努力融入市场，改善信用评级情况；另一方面改善“双创”融资环境，扩大信贷规模。

2. 做好“双创”产业的顶层设计

相比以往，产业结构设计已由政府主导转换为市场主导。政府在设计产业结构时更多地需要考虑市场对“双创”项目与企业的投资回报率、企业资金和资源利用率、企业信誉等方面的要求。因此，“双创”产业结构的顶层设计应该得到足够的重视（杨海波，2017）。

柳州市在产业结构设计过程中，预先创建“双创”产业发展布局，这是一项“双创”导向型产业发展服务的纲领性工作。将柳州市的产业结构布局划分为开发、运营、服务三级运营结构，以及产业基础设施、产业服务设施、地产开发项目三类空间设施，如表 4－1 所示。

表 4－1 “双创”产业顶层设计

	产业基础设施 （PPP 模式）	产业服务设施 （联合开发模式）	地产项目 （投资开发模式）
开发	产业公共基础设施开发 市政基础设施开发	产业主题板块设施开发	商业地产项目开发 住宅地产项目开发 旅游地产项目开发 养老地产项目开发 创业公寓项目开发
运营	地方政府自营 产业园区运营商 产业发展服务商	产业主题板块运营商	战略投资方

续表

	产业基础设施（PPP 模式）	产业服务设施（联合开发模式）	地产项目（投资开发模式）
服务	“双创”导向型产业发展服务 招商引资与产业发展服务 消费型共性服务 生产型共性服务 税收服务 市政服务	（自营、招商、“双创”）服务提供商 （自营、招商、“双创”）产品提供商	物业管理 综合家政 地产增值 地产交易 金融租赁

产业基础设施更多针对所有产业主题板块都要共用的基础设施，主要用户为入园企业，通常由政府主导进行开发，由地方政府、产业园区运营商或产业发展服务商进行运营，主要提供“双创”导向型产业发展服务以及所有产业板块都要使用的共性服务。

产业服务设施通常是指面向特定产业板块的功能设施，主要使用对象为用户人群（消费级用户及企业级用户），通常由产业主题板块运营商联合产业园区运营商共同开发，并由产业主题板块运营商具体实施运营工作。产业主题板块通常由主题运营商提供一部分自营服务项目，通过招商提供大部分服务项目，在此预留创新创业企业和项目主要产业发展空间，相关产业资源、生产要素和扶持政策重点在此倾斜。地产项目由地产投资商主导开发、营销与服务。这部分工作与“双创”活动没有必然联系，但却是建立健全“双创”区域资本市场不可或缺的组成部分。

3. 力保本地“双创”市场份额

本地市场份额是“双创”企业和项目市场化的基础和保障。柳州市政府和产业运营商需要采取相应的措施，帮助“双创”企业和项目打开本地市场并得到本地市场的认可，实现该目标可以采取以下几种建议：

第一，树立市场是推动“双创”发展主要动力的观念。柳州地处西部，本地市场与外界融合程度不及东部城市。因此，在分析“双创”市场需求时需要将“双创”市场细分为本地市场和外地市场。一方面，充分发挥本地市场的基础性作用，政策上保护“双创”企业和项目在本地市场的发展，例如开展更多的商贸活动，向本地商场和流通企业推荐“双创”研究成果，扩大其本地市场份额。另一方面，将“双创”企业和项目推广应用到外地市场，这是“双创”产业发展的最终目的和需要，例如：搭建互联网平台，与国内主流电商企业如京东、淘宝等合作，寻求通过线上渠道简洁、高效地打通国内市场；积极参加国际展品活动，将柳州本地“双创”成果介绍给更多的国际企业。通过以上两方面措施，打造柳州“双创”企业和项目的多层次、多元化的市场基础。

第二，发挥本地资源优势，提升竞争力。东西部城市发展差异大，不能将其他城市的发展模式直接应用到柳州市，要根据本地基础条件，因地制宜地突出优势。柳州市是西南工业重镇，也是中国四大汽车城之一，拥有坚实的工业基础。“双创”企业和项目可以与新能源汽车领域、人工智能领域、大数据领域等科技前沿相结合，例如广西机器人众创空间、柳州工业 4.0 实验室创客空间等众创项目。目前，柳州市实施的“双创”项目中与本地特色资源相结合的部分占比较少，暴露出已有资源未得到充分利用的问题。因此，柳州市在“双创”项目审核、宣传等关键环节应该偏向于那些能够将本地市场资源、文化资源、工业基础等相关产业深度结合的项目。积极鼓励和引导本地“双创”人才深挖本地资源。

第三，缩短创意转化的时间周期。在市场经济背景下成果转化时间是“双创”项目竞争力的重要体现。对于柳州市“双创”产业发展来说，鼓励基于本地基础资源、市场导向型的“双创”企业和项目优先发展，缩短创意

成果转化时间，更能够发挥柳州市独特的产业基础优势。除了在“双创”项目初始筛选方面的措施外，市场调研、人才投入、跨产业合作、广告宣传等工作均可以引导创客群体缩短成果转化时间和成本。积极调动社会资源快速、高效、高质量地协助“双创”产业成果转化，推动柳州市“双创”企业和项目快速发展（马晓燕，2019）。

第四，确保“双创”企业与项目有清晰的盈利模式。柳州市较之于东部沿海城市社会资源相对匮乏，缺乏强有力的资本支持，例如大型投资企业、天使基金、个人投资者等。因此，“双创”企业与项目在柳州的发展首先应该明确的是市场需求和盈利模式。将盈利模式纳入“双创”项目立项考核标准中，并于每年对盈利模式的可行性进行考查，定期淘汰不合格项目。

4. 打造柳州市“双创”产业品牌

品牌优势是一个企业综合实力的集中展示，它包含着企业的知名度、信誉、市场竞争力等重要因素。优质的品牌能够帮助企业快速把产品推入市场，并占据市场份额。因而，建立“双创”企业和项目的品牌是未来发展的必然趋势。目前，柳州市的“双创”企业和项目大部分处于初期发展阶段，一方面没有足够的资源投入品牌建设，另一方面缺乏品牌建设的经验。以柳州市为整体，打造柳州“双创”名片，将“双创”企业和项目包含在内，能够有效地解决品牌建设问题。

柳州市的五菱、宝骏、螺蛳粉等具有地方特色的名片在国内甚至国际都有较高知名度。依托已有的知名度，将包含“双创”企业和项目的柳州名片推向国内和国际平台更高效、更节省成本。同时，消费者被柳州市的某一种产品和服务吸引时，也会尝试了解柳州名片内的其他产品，这样能够带动整个区域内“双创”产品的消费市场，进而提升区域内“双创”产品的知名度。“双创”企业的品牌建设之路具体可以分为三个步骤：首先，依托柳州市企业和文化积累的知名度打开市场；其次，强化产品和服务质量形成自有品牌；最后，品牌发展相对成熟后回归柳州推动其他“双创”企业发展。

5. 借鉴螺蛳粉产业发展模式

螺蛳粉是柳州重要的名片之一。根据柳州市商务局公布的数据显示，2017～2019 年，预包装螺蛳粉销售收入快速增长（见图 4－3）。同时，预包装螺蛳粉销售增长推动了配套产品和衍生产品的快速发展。螺蛳粉的全产业链模式已经在柳州市有了初步发展规模，并得到政府的足够重视。通过分析螺蛳粉产业的发展成果，可以为柳州“双创”产业链发展提供借鉴。

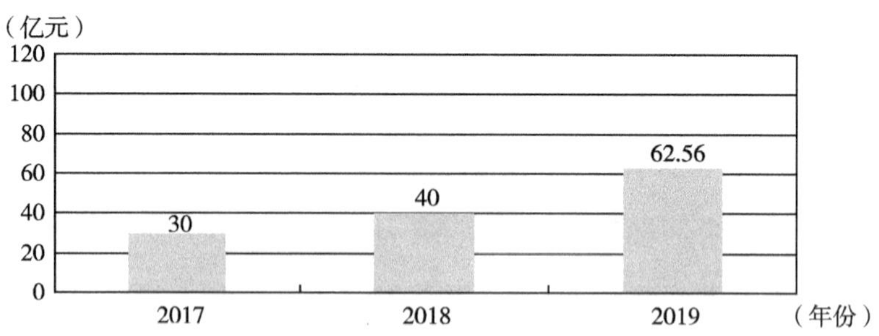

图 4－3　柳州预包装螺蛳粉产业产值情况

完善螺蛳粉产业布局，用工业化理念设计产业发展模式。2008 年，柳州市政府首次提出“六个一”措施，推动螺蛳粉产业快速发展。从产业规划、文化内涵、标准化模式、品牌打造、产品研发等方面全方位地提升螺蛳粉产业发展水平。2015 年，螺蛳粉已经初具规模并开始在政府的引导下走预包装螺蛳粉的机械化生产道路。符合资质的预包装螺蛳粉企业由 1 家发展到 2020 年初的 81 家、200 多个品牌。预包装螺蛳粉的工业化产业设计理念得到了市场的认可。柳州市政府在螺蛳粉产业的市场价格、基础设施建设、产品研发等方面均给予了足够的支持，全面保障了螺蛳粉产业的发展。

围绕品牌战略，打造产业优质品牌。柳州市将螺蛳粉产业与地理标志结合，成功注册“柳州螺蛳粉”为国家地理标志证明商标，打造一批能够将“柳州螺蛳粉”商标推向全国的有影响力、有知名度的本地螺蛳粉品牌。通过政策优惠、财政补贴、评优等方式鼓励柳州螺蛳粉企业将产品做优做强，例如好欢螺、螺霸王、螺状元等优质品牌。形成不同品牌间的良性竞争，满足消费者对产品的多元化需要，将“柳州螺蛳粉”这一区域公共品牌名片发往全国各地消费市场。

靶向消费市场，推动全产业链融合。预包装螺蛳粉销售量的快速增长，带动上游、中游、下游相关企业的市场需求（见图4－4）。如何精准锁定消费群体持续扩大螺蛳粉市场份额，是需要从螺蛳粉全产业链的角度思考的问题。首先，食品安全是影响消费者选择的首要因素。从螺蛳粉的上游企业开始抓原材料的质量安全，米粉、酸笋、黑木耳、腐竹、调料包等每一个组成部分都要经过严格的食品监管才能进入下一生产环节。鼓励不同环节的参与企业合作建立“食品安全码”，做到每一类产品都有码可查，任何一个环节检查出不合格产品均可实施信息追溯，严惩不规范企业。严格的食品安全监管措施将螺蛳粉产品终端优势升级为全产业链的竞争优势。其次，建立原材料种植基地和实现初级加工标准化。原材料供应必须紧跟步伐。鼓励发展较成熟的企业建立原材料种植基地实现生产环节对接，例如广西螺霸王企业共建有大米种植基地1200亩、豆角种植基地2500亩、竹笋种植基地1300亩、木耳种植基地160万亩、40万羽鹌鹑养殖基地以满足企业生产需要。鼓励引导企业和农民合作，完善“村集体＋公司＋专业合作社＋基地＋贫困户”机制，带动农村经济发展的同时为螺蛳粉产业增加原材料供应量。最后，发展螺蛳粉衍生产业。围绕柳州柳南区“螺蛳粉特色小镇”重点项目，培育螺蛳粉龙头企业，促进政府与企业深层次合作；推动一二三产业融合，进而带动农村种植业发展，推广螺蛳粉文化；增强螺蛳粉品牌知名度，发挥品牌效应。

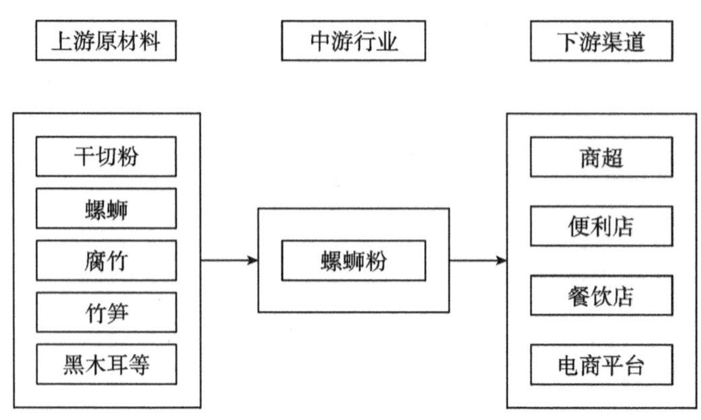

图4-4　螺蛳粉全产业链结构

（四）举办基于柳州特色产品的专项创新创业大赛

创新创业大赛以发展城市特色经济、推动技术应用为重点，整合各类创新创业要素，着力打造政府主导、多方参与，聚集包括政策、人才、资金、行业、市场等资源在内的综合性平台，推动一批属于特色产业、高新技术产业、战略性新兴产业和传统产业改造提升等重点产业类领域项目，提升创新氛围，激发创新活力，引导创新投入，吸引更多的人才留在柳州市创新创业，进一步提升柳州城市创新创业氛围和实力，助推柳州市经济建设和科技创新升级。但是，柳州市地处西部，经济基础相对东部城市较差，拥有举办全国性甚至国际性创新创业大赛的机会较少。因地制宜地举办一些具有柳州特色的创新创业大赛，培养具有柳州情结并愿意为柳州市发展奉献青春的“双创”人才，更加适合柳州市当前的发展状况。

1. 螺蛳粉产业相关的创新创业比赛项目

近五年，预包装螺蛳粉销量快速增长，一方面带动产业链相关企业的发展，另一方面也提升了“柳州螺蛳粉”的知名度。为扩大市场份额和优化产

业结构，柳州市政府先后提出了“六个一”举措以及两个100亿的产值目标。由此可见螺蛳粉产业已经进入发展的快车道，如何给螺蛳粉产业发展提速，推进全产业链建设，成为当前需要解决的问题。

螺蛳粉产业学院是由柳州职业技术学院在柳州市商务局指导下创建的，主要培养适应螺蛳粉产业发展需要的人才。但仅依靠一个新设学院的人力和智力支持无法满足螺蛳粉产业快速发展的需要。可以举办螺蛳粉产业创新创业大赛，充分调动柳州市内高校师生的积极性，明确螺蛳粉产业当前在生产、研发、销售、管理等方面的问题，引导高校资源有目的、有方向地支持螺蛳粉产业发展。对于筛选出的创新创业大赛优胜者和优质项目，政府给予资金、基础设施、人力资源等方面的支持，促进项目成果转化，实现螺蛳粉全产业链发展目标。

2. 新能源汽车柳州模式的推广

柳州是西南汽车重镇，拥有上汽通用五菱、东风柳州汽车有限公司、柳州五菱汽车工业有限公司等汽车企业。良好的汽车工业基础推动了柳州市新能源汽车产业的发展和应用。例如上汽通用五菱公司自主研发的第二代电动汽车宝骏E200，续航里程超过250千米，最高车速达108千米/小时。这款车能够极大地满足消费者对便捷出行、绿色环保、节约成本等方面的需求。

柳州模式的形成不仅得益于汽车产业基础，还得益于柳州市政府在推广应用方面的政策扶持。柳州市政府针对新能源汽车推广应用采取的具体措施包括：政府投资或利用国有资产设立的公共停车场、市政道路两旁设立的停车位，对新能源汽车实行减半征收停车费的优惠政策；增加新能源汽车停车位数量和分布；将新能源汽车充电插座纳入单位的充电设施建设考核指标中；实施电价优惠政策，并明确新能源汽车充电电价的执行要求和具体操作；新能源汽车允许行驶公交车道，上绿底牌照，不限行限号。

经过长期的发展，新能源汽车的柳州模式经得住实践检验并得到了业界的认可。如何让柳州模式走出自治区在更多城市得到应用，同时推广新能源汽车产品，成为社会关注的热点话题。创新创业大赛可以有效激发创客群体的创意，为解决该问题提供突破性的建议。围绕柳州模式推广应用的主题，设计新能源汽车创新创业大赛。将上汽通用五菱、东风柳州汽车有限公司等知名度高的汽车企业纳入大赛合作方，吸引国内外新能源汽车研究领域的尖端人才来柳参赛。在大赛期间，组织参赛选手体验驾驶共享新能源汽车，感受柳州模式下的新能源汽车在充电、行驶、停车等方面的便捷和舒适，参观上汽通用五菱新能源汽车的发展历程、研发成果、前端科技等。通过这些活动把新能源汽车的柳州模式介绍给参赛选手，让他们有切身体验，激发他们参与柳州市新能源汽车建设和宣传的热情。比赛结束后，政府对筛选出的创新创业大赛优胜项目给予资金方面的直接资助，鼓励参赛选手将项目转化为有价值的成果。同时，政府和车企向参赛的高校、研究机构发出合作邀请函，搭建人才、科研等方面的信息共享平台。

3. 建立柳东新区高校创新创业平台

柳州市柳东新区承载着柳州市“再造一个新柳州”的使命，是柳州市高新技术产业发展的主要阵地，也是柳州市深化创新创业、推动“双创”高质量发展的重要载体。同时，柳东新区也拥有柳州市大部分高职专科和本科院校，具体包括本科院校 3 所，高职高专 4 所，中职 4 所，在校师生人数达 10 万人，每年培养输送各类产业人才 2.7 万人。如何最大限度地发挥柳东新区的高校资源和企业资源，加快构建高校创新创业平台，以此促进柳东新区整体实力的提升，进一步推动柳州市“双创”的发展，成为柳东新区亟须解决的问题。

（五）高校创新创业平台基本功能设计

根据高校大学生创新创业需求，构建了高校创新创业平台的基本功能框

架，为所有大学生创业者提供了一整套的创新创业服务解决方案。该平台主要包括线上平台和线下平台两部分，主要有信息发布、在线课程学习、创业服务、线下场地设施和创业孵化五个基本功能，如图4－5所示。

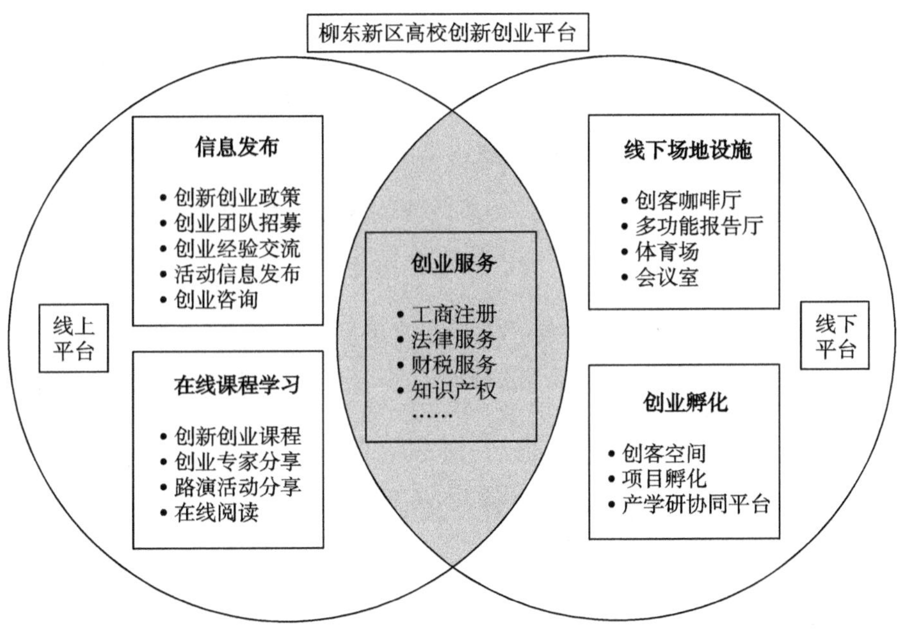

图4－5　柳东新区高校创新创业平台基本功能框架

1. 坚持政府引导，市场助力

柳东新区高校创新创业平台应该充分发挥柳东新区管理委员会的引导作用，由柳东新区管理委员会协调各方资源主导成立，制定相应的法规和制度，明确该平台在柳东新区发展中的核心地位，使促进该平台的发展成为柳东新区的集体意志和行动纲领，并围绕柳东新区企业资源和高校资源，通过该平台，将柳东新区打造为大学校区、企业园区和公共社区的“三区联动”模式示范区（王路昊和锁利铭，2020）。除此之外，在平台实际运营过程中，要充分发挥市场的决定性作用，通过市场的力量促进柳东新区大学城创新创业活动的开展，孵化和引入适合柳东新区产业发展的创业项目。

2. 构建柳东新区大学城创新创业教育资源共享平台

第一，由平台统一购买创新创业相关的在线课程，比如“创业基础”“创业素养及能力提升”等，对于区域内优秀创新创业导师，可以通过上传其教学视频至平台网络，让优秀创业导师服务更多学校的大学生，为柳东新区的大学生创业者提供便利的创新创业学习机会。第二，定期邀请行业专家组织线下创新创业专业知识培训，比如股权架构设计、金融政策宣讲、专利撰写等实操性课程。

3. 整合各方优势资源，打造产教融合中心

在构建柳东新区高校创新创业平台的过程中，要充分发挥柳东新区的政策、企业资源和区位条件等优势，携手高校、政府相关部门、高新技术企业，集聚创新创业人才和科技信息资源，借助高校创新创业平台的资源整合优势，打造柳东新区产教融合中心，让大学生创业者在接受创新创业理论教育的同时，零距离地感受创新创业实践活动（孙红军和王胜光，2020；刘新民等，2019）。

五、柳州市“大众创业、万众创新”评价指标体系

借鉴国内外评价“双创”发展的主要指标，构建反映柳州市“双创”运行和发展情况的科学客观的指标体系，剖析柳州市“双创”发展的动力机

制，推动柳州市“双创”深入健康发展。

（一）“双创”评价指标体系设计原则

为进一步推进柳州市“双创”的发展，本篇借鉴王昌林（2018）的两大指数来考量柳州市“双创”推进情况。一是“双创”生态环境指数（Entrepreneurship Innovation Ecosystem Index，EIEI），以此反映“双创”发展环境，并将其作为推动“双创”工作的“指挥棒”。二是“双创”发展景气指数（Entrepreneurship Innovation Prosperity Index，EIPI），以此反映“双创”运行情况并将其作为“双创”发展的“风向标”。

在具体的指标选择上，应遵循以下原则：一是要结合柳州市“双创”发展的现实情况，切勿照搬照套，达到指导柳州市推动“双创”科学发展的目的。二是选取的指标应具有代表性，兼顾指标数据获取的难易程度，使指标可量化处理，便于今后推动柳州市“双创”工作的具体落实。三是和其他地区“双创”指标相比有一定的对比性，将定量指标和定性指标结合起来（郑秀梅和王海燕，2019）。

（二）构建“双创”生态环境指数

推进“双创”发展的关键是营造合适的制度和市场环境，政府作为引导推动“双创”发展的重要力量，应该建立健全创新创业的生态环境，吸引和培育人才、资金、信息和技术等创新要素，引导市场合理配置资源，使“双创”活动的开展更加顺畅，形成经济发展新动能和转型发展新引擎。因此，“双创”生态环境指数主要由以下七个一级指标构成，如表4－2所示。

表4-2 “双创”生态环境指数指标体系

序号	一级指标	二级指标	权重	数据来源
1	市场环境	市场准入情况	0.2	采取专家调查和打分方法确定分值
		市场公平竞争情况		
		资本市场发展情况		
		信用体系建设情况		
2	营商和法制环境	企业登记注册时间	0.2	工商局、知识产权局等部门
		投资项目从立项到开工的时间		
		中小企业贷款申请到放款时间		
		知识产权侵权平均判赔额度		
		知识产权年均诉讼案件数量		
3	政策环境	中小微企业的税负水平	0.1	柳州市税务局等相关部门问卷调查
		政府引导基金规模		
		政策落实情况		
4	服务体系环境	孵化器、众创空间数量、入驻企业数量	0.1	柳州市科技部等部门
		创业培训举办场次		
		创业导师数量		
5	科技教育环境	论文数量及其增长率	0.1	柳州市教育局、科技部等部门
		专利数量及其增长率		
		高校和科研机构技术转移情况		
		高校学生数量		
6	上下游供应链和创新网络环境	“创新创业群落”发展情况	0.1	采取专家调查和打分方法确定分值
		产业集群发展情况		
7	创新创业文化氛围	创新创业舆情指数	0.1	从相关统计资料和大数据获取

一是市场环境（$EIEI_1$），包括市场、资金、社会信用等发展情况，这些因素对“双创”的发展具有关键作用。柳州市“双创”的发展离不开社会资本的参与，完善的资金流入和退出机制有利于吸引更多的天使投资和创业投资，市场环境的好坏对社会资本的流动具有重要的影响作用。因此，营造良好的市场环境是推进“双创”的关键。

二是营商和法制环境（$EIEI_2$），主要包括注册企业的难易程度、知识产权保护力度。这两方面是柳州市“双创”发展的主要短板，建立健全的营商和法制环境，是未来柳州市推动“双创”发展的重要目标。

三是政策环境（$EIEI_3$），主要从国家和地方政策的执行情况来评价。政府每年都会颁布一系列推动“双创”良好发展的政策，包括创业企业税负情况、政府创业计划等，但各部门的政策执行情况却参差不齐，因此，建立相对应的指标体系有利于促进政策对“双创”推动的实际效果。

四是服务体系环境（$EIEI_4$）。“双创”平台和创业服务是支持创新创业的必要条件，它有利于降低创业成本和创业风险。具体指标可用科技孵化器、众创空间数量以及入驻企业数量、创业培训场次、创业导师数量等来衡量。

五是科技教育环境（$EIEI_5$）。强大的科技教育基础以及良好的技术成果转移转化机制是推动创新创业发展的主要动力。国内外优秀的创新创业园区（硅谷、清华大学创业园、上海张江创业园等）都依靠周围高校强大的科研和技术创新能力，为其长足发展提供智力资源。

六是上下游供应链和创新网络环境（$EIEI_6$）。良好的创新创业生态体系对推动“双创”的发展具有重要的作用，各个创新主体相互作用、良性互动，形成“1 +1 >2”的效果。一些创新创业发展高地的实践表明，创新创业最终是走向集群化、网络化的发展趋势，很多初创企业都是依托大公司的技术、产品和市场等优势资源，从而在创业初期获得顺利发展。因此，政府的重要工作之一是完善产业链和创新链，推动形成“创新创业群落”，产生创新创业集群效应。

七是创新创业文化氛围（$EIEI_7$）。创新创业文化环境是推动“双创”发展的基础，对推动“双创”具有重要作用，形成良好的创新创业氛围，有利于创新创业政策的宣传和落实。

计算方法是先对各个指标进行无量纲化处理，得出0~100的分值，乘以相应的权数，最后得出柳州市“双创”生态环境分值，计算公式为：$EIEI = \sum \alpha_i EIEI_i$。其中，$EIEI_i$ 为衡量“双创”发展的第 i 个指标分值，α_i 为第 i 个指标的权重。

（三）构建“双创”发展景气指数

“双创”发展景气指数是刻画创新创业运行态势的综合指数，既要充分体现柳州市推动“双创”的基本导向，也要考虑现实中存在的若干约束；既要充分反映影响因素的变化，也要能够反映创新创业的产出成果。“双创”发展景气指数以描述“双创”运行态势为目的，结合数据可获得性和可比性，选取以下四个维度和相关指标反映“双创”发展景气程度，如表4-3所示。

表4-3 “双创”发展景气指数指标体系

序号	一级指标	二级指标	权重	数据来源
1	创业企业数量	新增企业数量	0.1	统计年鉴、柳州市科技局等
		独角兽企业、瞪羚企业数量	0.1	
2	创业投资	天使&VC机构投资案例数	0.2	IT桔子网、清科私募通等
		天使&VC机构投资金额	0.2	
3	资金退出渠道	IPO、新三板、并购等退出数量	0.1	Wind数据库等
		IPO、新三板、并购等退出金额	0.1	
4	创新支撑	国内申请人发明专利授权量	0.1	知识产权局等
		技术合同成交额	0.1	

一是创业企业数量。国际经验表明，新创办企业的数量及高新技术企业的占比情况是反映地区创新创业发展水平和经济繁荣程度的重要指标。因此，

选择新增企业数量和独角兽企业、瞪羚企业数量指标。

二是创业投资。创业投资作为衡量创新创业活动情况的重要指标，相对比较真实，被认为是创新创业情况的“晴雨表”（冯之浚等，2015）。根据投资阶段的不同，主要分为早期投资（天使投资）、VC/PE 等。

三是资金退出渠道。并购与上市是创业投资退出的两个重要渠道，也是反映创业企业成长状况的指标。创业企业被收购、实现新三板挂牌和 IPO，都是创业成功的重要标志。因此，选择 IPO、新三板、并购等退出数量和 IPO、新三板、并购等退出金额指标。

四是创新支撑。专利数量为创新创业发展提供了技术支撑，为了突出专利质量并与知识产权统计调整相衔接，选择国内申请人发明专利授权量、技术合同成交额指标。

六、结语

创新是引领发展的第一动力，也是建设现代化经济体系的战略支撑（冯之浚等，2015）。伴随着“工业 4.0”的不断临近，作为工业城市的柳州，转型升级传统制造业，加速工业和服务业融合，变革现有商业模式，是未来产业经济发展的重要路径。最大限度地发挥“双创”活动对柳州市经济发展所需要素的规模效应和集聚效应，能有效促进柳州市经济获得进一步发展，贯彻落实国家创新驱动发展战略的要求。

本篇在分析柳州市“双创”活动的现状和存在的主要问题的基础上，根据柳州市经济发展特征，结合柳州市汽车产业、螺蛳粉产业等特色产业，提出了一系列推进柳州市“双创”发展的对策，以期为柳州市未来一段时期内“双创”的推进提供可操作性的指导。最后通过构建由“双创”生态环境指数和“双创”发展景气指数组成的柳州市“双创”评价指标体系，评估柳州市双创的实际运行情况，从而帮助柳州市政府有关部门对“双创”活动做出及时的反应。

但本篇也存在一定的研究不足，受柳州市政策性文件收集难度的影响，未能对柳州市所发布的“双创”政策进行政策文本分析，从而不能系统掌握柳州市对“双创”所发布的政策是否存在片面性（戚湧等，2019；熊小刚，2018），如政策过度集中于改善“双创”环境，而忽视了“双创”资金供给的问题。未来可以通过政府有关部门的帮助和实地调查，获得柳州市“双创”政策数据资料，进一步完善分析，并从政策内容角度对柳州市“双创”提供新的解决方案。

参考文献

［1］何立峰．2018 年大众创业万众创新发展报告［M］．北京：人民出版社，2018.

［2］王昌林．大众创业万众创新理论初探［M］．北京：人民出版社，2018.

［3］王海燕，郑秀梅．创新驱动发展的理论基础、内涵与评价［J］．中国软科学，2017（01）：41－49.

［4］洪银兴．关于创新驱动和协同创新的若干重要概念［J］．经济理论

与经济管理，2013（05）：5－12.

［5］王竞一．供给侧改革推动“双创”研究综述与展望［J］．唐山学院学报，2020，33（01）：89－93.

［6］柳州市小微企业创业创新基地城市示范工作情况［EB/OL］．http：//www.gxzf.gov.cn/xwfbhzt/qzzhrmghgcl70znlzsjjshfzqkxwfbh/bjzl/20190909－765558.shtml，2020.

［7］柳州市柳东新区简介［EB/OL］．http：//www.ldxq.liuzhou.gov.cn/ldxqkk/xqjj/，2020.

［8］潘峰．柳州市众创空间发展现状与对策研究［J］．南宁职业技术学院学报，2017，22（04）：83－86.

［9］刘海明．实施双创战略促进区域科技进步：以温州众创空间的发展为例［J］．科技管理研究，2019，39（08）：55－60.

［10］温美荣．政府推进大众创业万众创新的政策效果评估与提升对策——基于H省的调研分析［J］．理论探讨，2018（04）：158－163.

［11］雷德雨．推进“大众创业、万众创新”的难点和对策研究［J］．经济研究参考，2016（10）：21－25.

［12］史文晴，匡瑛．基于“双创”教育的高职学生职业素养培育研究：内涵、特征及融合路径［J］．中国职业技术教育，2020（08）：67－71.

［13］刘新民，孙向彦，吴士健．政府规制下众创空间创业生态系统发展的演化博弈分析［J］．商业经济与管理，2019（04）：71－85.

［14］谢守红，甘晨，傅春梅．杭州市创业活动的空间特征及驱动机制［J］．城市发展研究，2019，26（06）：17－21＋27.

［15］宋跃芬，潘文华，田起香，张卫国．国内创新创业教育评价研究现状及主题述评［J］．黑龙江高教研究，2020，38（06）：126－131.

［16］杨海波．双创背景下设计产业发展趋势探析［J］．人民论坛·学术前沿，2017（17）：90－93.

［17］马晓燕．“双创”导向型产业发展服务模式研究［J］．商业经济研究，2019（19）：182－186.

［18］王路昊，锁利铭．高校创新创业中的双重路径依赖［J］．科学学研究，2020，38（05）：904－911.

［19］孙红军，王胜光．创新创业平台对国家高新区全要素生产率增长的作用研究——来自2012—2017年88个国家高新区关系数据的证据［J］．科学学与科学技术管理，2020，41（01）：83－98.

［20］刘新民，宋红汝，范柳．区域创业环境与创新平台对创业企业的吸引力研究［J］．科技管理研究，2019，39（07）：7－13.

［21］郑秀梅，王海燕．“双创”驱动经济发展的效果评价研究［J］．科研管理，2019，40（04）：44－53.

［22］冯之浚，刘燕华，方新，穆荣平，张伟．创新是发展的根本动力［J］．科研管理，2015，36（11）：1－10.

［23］戚湧，王嘉雯，周星．双创政策促进经济增长的机理分析［J］．科技进步与对策，2019，36（18）：15－22.

［24］熊小刚．政策工具视角下中国“双创”政策内容分析及优化建议［J］．软科学，2018，32（12）：19－23.